Sammlung

Aufserdeutscher Strafgesetzbücher

in deutscher Übersetzung.

Herausgegeben von den Schriftleitungen

der

Zeitschrift für die gesamte Strafrechtswissenschaft

und der

Mitteilungen der Internationalen Kriminalistischen Vereinigung.

XXXII.

Vorentwurf
zu einem Strafgesetzbuch für das Königreich Serbien.

BERLIN 1911.

J. Guttentag, Verlagsbuchhandlung,

G. m. b. H.

Vorentwurf

zu einem

Strafgesetzbuch für das Königreich Serbien.

Nach der amtlichen Ausgabe des Justizministeriums

übersetzt und herausgegeben

von

Zivko Topalovits und **Hans Landsberg**

aus Belgrad — aus Berlin.

BERLIN 1911.

J. Guttentag, Verlagsbuchhandlung,

G. m. b. H.

Vorrede.

Der vorliegende Vorentwurf zu einem serbischen Strafgesetzbuch wurde von einer von dem Justizminister Marko Trifkowić am 27. März 1908 eingesetzten Kommission ausgearbeitet. Diese Kommission bestand aus dem Kassationsrichter Marko S. Djuričić, dem Belgrader Amtsrichter Dr. Milutin Miljkowić, dem Universitätsprofessor Dr. Božidar Markowić und dem Sekretär des Justizministeriums Dr. Dušan M. Subotić. Während die Grundlagen des Entwurfes, der endgiltige Text und die Motive von der gesamten Kommission festgestellt wurden, wurde die Ausarbeitung des Entwurfes unter die einzelnen Kommissionsmitglieder in der Weise verteilt, daß der Universitätsprofessor Markowić die Bearbeitung des Allgemeinen und die drei anderen Mitglieder die des Besonderen Teiles übernahmen. Der am 26. Juni 1910 vom serbischen Justizministerium amtlich veröffentlichte Entwurf wird zurzeit von der genannten, durch sieben neue Mitglieder verstärkten Kommission einer Überarbeitung unterzogen.

Die von dieser Kommission getroffenen, bisher allein vorliegenden Abänderungen betreffen den Allgemeinen Teil und sind bereits in dieser Übersetzung berücksichtigt. Der bisher 83 Paragraphen umfassende Allgemeine Teil ist um einen Paragraphen vermehrt worden, sodaß ein § 83a eingeschoben werden mußte.

Dem Serbischen Geschäftsträger Herrn Dr. M. Boghitchevitch und Herrn Kammergerichtsreferendar Alfred Oborniker sprechen wir auch an dieser Stelle für die freundliche Durchsicht der Übersetzung unseren verbindlichsten Dank aus.

Berlin, im Juni 1911.

Hans Landsberg. Zivko Topalovits.

Inhaltsverzeichnis.

I. Allgemeiner Teil.

II. Besonderer Teil.

Erster Abschnitt: Verbrechen.

Zweiter Abschnitt: Vergehen.

I. Allgemeiner Teil.

1. Kapitel.

Einleitende Bestimmungen.

§ 1. Die Straftaten sind Verbrechen oder Vergehen.

Verbrechen sind diejenigen Straftaten, von denen der erste Abschnitt des Besonderen Teils dieses Gesetzes spricht. Dasselbe gilt auch für die in anderen Gesetzen angeführten Straftaten, sofern in diesen Gesetzen nichts anderes bestimmt ist, wenn sie mit Gefängnis von mehr als drei Monaten oder mit Verlust des Amtes als Hauptstrafen bedroht sind.

Vergehen sind diejenigen Straftaten, von denen der zweite Abschnitt des Besonderen Teils dieses Gesetzes spricht. Dasselbe gilt auch für die nach anderen Gesetzen strafbaren Straftaten, sofern diese nach dem zweiten Absatze dieses Paragraphen nicht Verbrechen sind.

§ 2. Die Bestimmungen des Allgemeinen Teils dieses Gesetzes gelten für alle Straftaten, sofern nichts anderes ausdrücklich bestimmt ist.

§ 3. Niemand kann für eine Tat bestraft werden, die vor ihrer Begehung gesetzlich nicht mit Strafe bedroht war.

Wird nach der begangenen Tat das Gesetz geändert, so ist nach dem milderen Gesetze zu urteilen. Das neue Gesetz wird aber nicht berücksichtigt, wenn es erst dann in Kraft getreten ist, als schon ein Rechtsmittel gegen das gerichtliche Urteil eingelegt worden war.

§ 4. Jeder, der in Serbien eine Straftat begeht, wird nach diesem Gesetze bestraft.

§ 5. Ein serbischer Staatsangehöriger soll auch dann bestraft werden, wenn er außerhalb Serbiens irgend ein Verbrechen begeht.

§ 6. Nach diesem Gesetze wird derjenige bestraft, der außerhalb Serbiens eine von denjenigen Straftaten begeht, die in §§ 84, 86–94, 180, 181, 183–185, 198, 199 und 203 dieses Gesetzes angeführt sind.

§ 7. Ein Ausländer, der außerhalb Serbiens ein Verbrechen, das nach diesem Gesetze mindestens mit Gefängnis bedroht ist, gegen einen serbischen Staatsangehörigen begeht, wird nach diesem Gesetze bestraft, wenn er nach Serbien kommt oder den serbischen Behörden ausgeliefert wird.

§ 8. Ein Ausländer, der außerhalb Serbiens ein nach diesem Gesetze mit Zuchthaus bedrohtes Verbrechen gegen einen fremden Staat oder gegen einen Ausländer begeht, wird nach diesem Gesetze bestraft, wenn er nach Serbien gekommen ist, seine Auslieferung aber nicht gefordert, oder diese gefordert, aber abgelehnt worden ist, und wenn der Justizminister die Untersuchung anordnet.

§ 9. In den Fällen der §§ 5, 7 und 8 wird der Täter nicht bestraft:

wenn er die Strafe, zu welcher er im Auslande verurteilt ist, vollständig verbüßt hat;

wenn er im Auslande durch rechtskräftiges Urteil freigesprochen oder ihm die Strafe erlassen ist;

wenn nach dem ausländischen Gesetze das Verbrechen nur auf Grund eines Strafantrages strafbar ist und dieser nicht gestellt ist;

wenn die Untersuchung oder die Strafe nach dem ausländischen Gesetze verjährt ist.

Wenn die Tat nach den Gesetzen des Landes, wo sie begangen ist, nicht strafbar ist, darf in Serbien die Untersuchung nur auf Anordnung des Justizministers stattfinden.

§ 10. Die Strafe, die der Täter im Auslande teilweise oder vollständig verbüßt hat, ist bei der neuen Strafbemessung in Serbien in Anrechnung zu bringen.

§ 11. Der serbische Staatsangehörige darf einem fremden Staate nicht ausgeliefert werden.

Ausländer dürfen wegen politischer Straftaten und wegen solcher, die mit diesen in Verbindung stehen, nicht ausgeliefert werden.

§ 12. Die Mitglieder der Volksvertretung sind nach diesem Gesetze für ihre Stimmenabgabe in der Skupschtina und für die Reden, die sie in der Skupschtina gehalten haben, nicht verantwortlich, selbst wenn sie damit eine Straftat begangen haben.

§ 13. Für diejenigen Personen, die das Recht der Exterritorialität genießen, gelten die Regeln des Internationalen Rechts.

§ 14. Die Vorschriften dieses Gesetzes sollen auf diejenigen Personen keine Anwendung finden, die wegen der begangenen Straftat nach den besonderen Gesetzen zu bestrafen sind, insoweit als in diesen Gesetzen etwas anderes bestimmt ist.

2. Kapitel.

Strafen und sichernde Maſsnahmen.

a) Strafen.

§ 15. Die Hauptstrafen sind: Todesstrafe, Zuchthaus, Gefängnis, Geldstrafe und Verlust des Amtes.

Die Nebenstrafen sind: Aberkennung der bürgerlichen Ehrenrechte, Verlust der Amtsfähigkeit, Verbot der Ausübung des Berufes oder des Gewerbes, Einziehung gewisser Gegenstände, Polizeiaufsicht, Ortsverweisung und öffentliche Bekanntmachung des Urteils.

§ 16. Die Todesstrafe wird mittels des Galgens in einer Strafanstalt vollstreckt.

Der zum Tode Verurteilte hat in der Strafanstalt bis zur Vollstreckung der Todesstrafe zu verbleiben.

§ 17. Die Zuchthausstrafe ist eine lebenslängliche oder eine zeitige.

Die Dauer der zeitigen Zuchthausstrafe kann nicht weniger als ein Jahr und nicht mehr als zwanzig Jahre betragen.

Wo das Gesetz die Zuchthausstrafe nicht ausdrücklich als eine lebenslängliche androht, ist dieselbe eine zeitige.

Die Zuchthausstrafe wird in besonderen Strafanstalten vollstreckt.

§ 18. Bei Verbrechen ist auf Gefängnis von zehn Tagen bis zu drei Jahren zu erkennen. In den durch das Gesetz besonders bestimmten Fällen kann auf Gefängnis bis zu fünf Jahren erkannt werden.

Bei Vergehen hat die Gefängnisstrafe die Dauer von drei Tagen bis zu drei Monaten und in den durch das Gesetz besonders bestimmten Fällen auch bis zu fünf Monaten.

§ 19. Für den Vollzug der Zuchthausstrafe und der Gefängnisstrafe gelten folgende Bestimmungen:

1. Jeder Verurteilte ist verpflichtet, in der Strafanstalt oder außerhalb derselben zu arbeiten. Der Verurteilte soll, soweit es möglich ist, mit solchen Arbeiten beschäftigt werden, die er früher verrichtet hat, und durch die er nach seiner Entlassung seinen Unterhalt erwerben kann.

2. Jeder Verurteilte hat die ersten drei Monate der Strafzeit in Einzelhaft zu verbüßen. Durch gerichtliches Urteil oder durch Beschluß des Strafanstaltsdirektors kann die Einzelhaft verlängert werden, aber höchstens bis zu einem Jahre. Ein lebenslänglich Verurteilter hat die ersten drei Jahre in Einzelhaft zu verbüßen.

3. Nachdem der Verurteilte die vorgeschriebene Zeit in Einzelhaft verbüßt hat, hat er den weiteren Rest der Strafe in gemeinsamer Arbeit mit anderen Gefangenen, nachts aber möglichst von anderen gesondert, zu verbüßen.

4. Hat der Verurteilte zwei Dritteile der verhängten Strafe, mindestens aber ein Jahr, verbüßt, so kann er für den Rest der Strafe bedingt entlassen werden, wenn man mit Grund annehmen kann, daß er sich gut führen werde, und wenn er den durch die Straftat verursachten Schaden, soweit es ihm seine Mittel erlaubten, ersetzt hat. Hat ein lebenslänglich Verurteilter zwanzig Jahre verbüßt, so kann er auf die Zeit von zehn Jahren bedingt entlassen werden, wenn man mit Grund annehmen kann, daß er sich gut führen werde.

§ 20. Über die bedingte Entlassung entscheidet der Justizminister nach Anhörung der Verwaltung der Strafanstalt und einer besonders dafür eingesetzten Kommission.

Durch die Polizeibehörden führt der Justizminister die Aufsicht über die bedingt Entlassenen.

§ 21. Die bedingte Entlassung des Sträflings soll widerrufen und dieser in die Strafanstalt wieder eingeliefert werden, wenn er innerhalb der Frist, auf welche er bedingt entlassen ist, wegen irgend einer von neuem begangenen Straftat verurteilt wird, oder wenn er irgend eine der Bedingungen, unter welchen er bedingt entlassen ist, verletzt. In diesem Falle wird ihm die Zeit, während der er bedingt entlassen war, auf die festgesetzte Strafdauer nicht angerechnet.

Wenn der Entlassene während der ganzen Zeit der bedingten Entlassung seine Freiheit nicht mißbraucht und keine der Entlassungsbedingungen verletzt, so gilt die Strafe als verbüßt.

§ 22. Für die Trennung der Verurteilten gelten folgende Regeln:

1. Weibliche Verurteilte werden von männlichen vollständig abgesondert.

2. Jugendliche verbüßen die Strafe vollständig abgesondert von anderen Verurteilten.

3. Die zu lebenslänglichem Zuchthaus Verurteilten und die Rückfälligen werden von anderen Verurteilten abgesondert und verbüßen die Strafe tunlichst in einer besonderen Strafanstalt oder in einer besonderen, von anderen Teilen abgetrennten Abteilung der Strafanstalt. Sie werden streng zur Arbeit angehalten.

4. Politische Verbrecher sind von anderen Verurteilten abzusondern.

§ 23. Die zeitigen Strafen werden nach Monaten und Jahren und die Gefängnisstrafe bis zu drei Monaten auch nach vollen Tagen berechnet.

Unter einem Tage sind vierundzwanzig Stunden zu verstehen; Monat und Jahr werden nach Kalendermonat und Kalenderjahr berechnet.

§ 24. Bei der Umwandlung der Gefängnisstrafe in Zuchthausstrafe sind zwölf Monate Gefängnis acht Monaten Zuchthaus gleichzuachten.

§ 25. Durch ein besonderes Gesetz werden die näheren Bestimmungen über den Vollzug der vorstehenden Anordnungen, über die Einrichtung und die Verwaltung der Strafanstalten und über die Behandlung der Verurteilten erlassen werden. Die zur Zuchthausstrafe Verurteilten müssen jedoch strenger behandelt werden als die zu Gefängnisstrafe Verurteilten.

§ 26. Wegen eines Verbrechens kann Geldstrafe von mindestens drei Dinaren*) und wegen eines Vergehens eine solche von mindestens einem Dinar verhängt werden.

---

*) Der durchschnittliche Kurswert einer Mark beträgt 1,23 Dinar.

Bei Bemessung der Geldstrafe sind neben anderen Umständen besonders die Vermögensverhältnisse des Verurteilten und andere persönliche Verhältnisse, die seine Zahlungsfähigkeit bestimmen, zu berücksichtigen.

Die Geldstrafe fließt in die Staatskasse.

§ 27. Durch Urteil ist eine Frist zur Zahlung der Geldstrafe zu bestimmen, die nicht kürzer als vierzehn Tage oder länger als drei Monate, rechnend vom Tage der Aufforderung zur Zahlung, sein darf. Hat der Verurteilte in Serbien keinen festen Wohn- und Beschäftigungsort, so kann von ihm sofort Zahlung oder Sicherheitsstellung verlangt werden.

Das Gericht kann dem Verurteilten die Abtragung der Geldstrafe durch Teilzahlungen gestatten. In einem solchen Falle ist die Höhe der Teilbeträge und die Frist der Abtragung der Geldstrafe zu bestimmen. Diese Frist darf nicht mehr als ein Jahr betragen.

Das Gericht kann dem mittellosen Verurteilten gestatten, die Geldstrafe durch Arbeit im Dienste des Staates, des Kreises, des Bezirkes oder der Gemeinde abzuverdienen, sofern solche Arbeiten vorhanden sind, indem ihm ein Lohn von zwei bis fünf Dinaren für den Tag anzurechnen ist.

Das Gericht ist verpflichtet, in dem Urteil neben der Geldstrafe die Gefängnisstrafe zu bestimmen, die zu vollstrecken ist, wenn die Geldstrafe auf keine Weise beigetrieben werden kann. Fünf Dinaren sind einer eintägigen Gefängnisstrafe gleichzuachten. Doch darf diese Gefängnisstrafe die Dauer eines Jahres nicht überschreiten.

§ 28. Wenn der Verurteilte in der bestimmten Frist die Geldstrafe nicht erlegt oder abarbeitet, so soll diese zwangsweise vollstreckt werden.

Wenn der Verurteilte nur einen Teil der Geldstrafe erlegt hat, so ist der Restbetrag nach dem bestimmten Maßstabe in Gefängnisstrafe umzuwandeln. Ebenso kann der Verurteilte immer die Vollstreckung der Gefängnisstrafe dadurch unterbrechen, daß er die Geldstrafe erlegt, soweit diese nach Abrechnung desjenigen Teilbetrages, welcher der schon verbüßten Gefängnisstrafe entspricht, noch besteht.

Nach dem Tode eines Verurteilten ist eine Geldstrafe nicht zu vollstrecken.

§ 29. Begeht jemand aus Eigennutz ein Verbrechen oder Vergehen, das mit Zuchthaus oder Gefängnis bedroht ist, so kann ihn das Gericht neben der verwirkten Zuchthaus- oder Gefängnisstrafe noch zu einer Geldstrafe bis zu zehntausend Dinaren verurteilen.

§ 30. Die Verurteilung zur Todesstrafe oder zur lebenslänglichen Zuchthausstrafe zieht den dauernden Verlust der bürgerlichen Ehrenrechte nach sich.

Die Verurteilung zu zeitiger Zuchthausstrafe zieht die Aberkennung der bürgerlichen Ehrenrechte auf die Zeit von zwei bis zehn Jahren nach sich.

Die Verurteilung zur Gefängnisstrafe kann in den durch dies Gesetz bestimmten Fällen die Aberkennung der bürgerlichen Ehrenrechte auf die Zeit von einem bis fünf Jahren nach sich ziehen.

§ 31. Die Aberkennung der bürgerlichen Ehrenrechte umfaßt den Verlust

1. des Rechtes, ein staatliches oder ein anderes öffentliches Amt zu bekleiden;

2. des Rechtes, öffentliche Ämter, Titel, Würden, Orden und andere öffentliche Ehrenzeichen zu besitzen;

3. des Rechtes, in öffentlichen Angelegenheiten zu stimmen, zu wählen oder gewählt zu werden oder die anderen politischen Rechte auszuüben;

4. des Rechtes auf Ruhegehalt und Unterstützungen seitens des Staates oder anderer öffentlicher Körperschaften.

§ 32. Der zum Verlust der bürgerlichen Ehrenrechte Verurteilte verliert die im § 31 aufgeführten Rechte mit dem Tage der Rechtskraft des Urteils; sofern dieser Verlust nicht ein dauernder ist, wird die Zeitdauer, auf welche er diese Rechte verliert, von dem Tage berechnet, an dem die Strafe verbüßt, verjährt oder erlassen ist.

§ 33. Die zu einer mehr als fünf Jahre betragenden Zuchthausstrafe Verurteilten sind unter Pflegschaft zu stellen und können nur durch Testament über ihr Vermögen verfügen. Auf die Verwaltung des Vermögens eines solchen Verurteilten finden die Vorschriften des bürgerlichen Gesetzbuches Anwendung.

§ 34. Jedes auf mehr als ein Jahr Gefängnis erkennende Urteil zieht den Verlust des staatlichen oder eines anderen öffentlichen Amtes, das der Verurteilte bekleidet, nach sich.

Auch kann kürzere Gefängnisstrafe mit dem Verlust des staatlichen oder eines anderen öffentlichen Amtes in den Fällen verbunden werden, in denen der Verurteilte durch die Begehung der Straftat sich des von ihm bekleideten Amtes unwürdig erwiesen hat.

Der Verlust der Amtsfähigkeit hat in diesen Fällen die Dauer von zwei bis zehn Jahren und wird von dem Tage berechnet, an dem die Strafe verbüßt, verjährt oder erlassen ist.

§ 35. Im Besonderen Teil dieses Gesetzes sind die Fälle angeführt, in denen dem Verurteilten die Ausübung eines bestimmten Berufes oder Gewerbes verboten wird.

Außer diesen Fällen kann das Gericht dem zu Zuchthaus oder Gefängnis Verurteilten die Ausübung eines bestimmten Berufes oder Gewerbes verbieten, wenn er vorsätzlich oder durch grobe Fahrlässigkeit seinen Beruf oder sein Gewerbe mißbraucht hat, oder wenn er die Pflichten, die ihm sein Beruf oder sein Gewerbe auferlegen, verletzt hat.

Die Dauer des Verbotes, einen Beruf oder ein Gewerbe auszuüben, darf nicht weniger als zwei und nicht mehr als zehn Jahre betragen. Die Zeitdauer wird von dem Tage berechnet, an dem die Hauptstrafe verbüßt, verjährt oder erlassen ist. Im Falle des Rückfalls kann auch auf dauerndes Verbot erkannt werden.

§ 36. Gegenstände, die durch eine Straftat hervorgebracht sind, oder die zur Begehung eines vorsätzlichen Verbrechens gebraucht oder bestimmt waren, können, sofern sie Eigentum des Täters sind, von ihm oder dem Teilnehmer durch Urteil eingezogen werden.

Sofern nichts anderes bestimmt ist, erfolgt die Einziehung der Gegenstände zugunsten der Staatskasse.

Nach dem Tode hat die Einziehung zu unterbleiben.

§ 37. Durch die Verurteilung wird das Recht des Geschädigten, einen Schadensersatz geltend zu machen, nicht ausgeschlossen.

Wenn der Täter möglicherweise nicht imstande sein wird, den Schaden zu ersetzen, so kann das Gericht dem Geschädigten zum Zwecke des von ihm zu bemessenden Schadensersatzes durch Urteil die ganze oder einen Teil der von dem Verurteilten zu zahlenden Geldstrafe und den Erlös aus dem Verkaufe eingezogener Gegenstände zuerkennen.

Ist der Täter zu längerem Zuchthaus oder Gefängnis verurteilt, so kann das Gericht dem Geschädigten die Hälfte des Verdienstes des Verurteilten zuerkennen.

§ 38. Neben der Zuchthaus- und Gefängnisstrafe kann in den Fällen des Diebstahls, des Raubes, des Haidukentums*) und der Hehlerei auf Polizei-Aufsicht auf die Dauer von mindestens einem Jahre und höchstens fünf Jahren erkannt werden.

Die Polizei-Aufsicht hat folgende Wirkungen:

1. Der Verurteilte darf sich nirgends ohne Erlaubnis der zuständigen Polizeibehörde aus seinem Wohnorte entfernen; und

2. der Verurteilte muß während der von der Polizeibehörde ihm vorzuschreibenden bestimmten Nachtzeit in seiner Wohnung verweilen oder zur Nachtzeit an einem besonders festgesetzten Orte sich einfinden.

Die Zeitdauer der Polizei-Aufsicht wird von dem Tage berechnet, an dem die Hauptstrafe verbüßt oder erlassen ist.

Der zur Polizei-Aufsicht Verurteilte ist verpflichtet, sich in der Frist von fünf Tagen nach verbüßter oder erlassener Hauptstrafe bei der zuständigen Polizeibehörde zu melden, um sich der Polizei-Aufsicht zu unterstellen.

§ 39. Wenn man mit Rücksicht auf die Art und die Beweggründe der begangenen Straftat, wegen der jemand verurteilt ist, annehmen kann, daß dessen Aufenthalt an bestimmten Orten mit

*) Vgl. § 275.

einer Gefahr für andere verbunden sein würde, so kann im Urteile neben der Zuchthaus- und Gefängnisstrafe auf Ortsverweisung erkannt werden.

Die Dauer der Ortsverweisung darf nicht mehr als drei Jahre betragen.

Der Ausländer kann auf bestimmte Zeit oder dauernd aus Serbien ausgewiesen werden.

b) Sichernde Maßnahmen.

§ 40. Ein serbischer Staatsangehöriger, der mindestens dreimal wegen vorsätzlicher Verbrechen verurteilt ist und nach dem Verbüßen der letzten Strafe aufs neue ein vorsätzliches Verbrechen begeht, kann nach dem Verbüßen der aufs neue verhängten Strafe noch auf unbestimmte Zeit in der Strafanstalt behalten werden, wenn man auf Grund der begangenen Taten und seines Lebenswandels annehmen kann, daß er von weiterer Begehung von Straftaten nicht ablassen werde und dadurch für die Gesellschaft gefährlich sei. Diese Zurückbehaltung ist durch das Gericht in dem über die neue Tat gefällten Urteile anzuordnen.

Wenn der Zurückbehaltene eine mehr als fünf Jahre betragende Strafe oder, wenn diese kürzer war, volle fünf Jahre verbüßt hat, kann er auf drei Jahre bedingt entlassen werden, wenn man annehmen kann, daß er keine neue Straftat begehen werde.

Diese Sträflinge sind in besonderen Strafanstalten oder in besonderen Abteilungen der Strafanstalten zu verwahren und zur Arbeit streng anzuhalten.

§ 41. Wenn das Gericht es im Interesse der öffentlichen Sicherheit für erforderlich erachtet, einen Unzurechnungsfähigen oder einen vermindert Zurechnungsfähigen in einer Heil- oder Aufsichtsanstalt unterzubringen, so soll das Gericht dies anordnen.

Die Unterbringung in einer Heil- oder Aufsichtsanstalt soll das Gericht auch dann anordnen, wenn es dies als im Interesse der Gesundheit der Unzurechnungsfähigen oder vermindert Zurechnungsfähigen liegend erachtet.

Gleichfalls bestimmt das Gericht die Entlassung aus der Anstalt, wenn es nach ärztlicher Untersuchung eine weitere Behandlung oder Beaufsichtigung für nicht erforderlich erachtet.

Wenn der vermindert Zurechnungsfähige zu einer Freiheitsstrafe verurteilt war, so soll die in einer Heil- oder Aufsichtsanstalt zugebrachte Zeit ihm auf die Strafdauer angerechnet werden. Wenn zur Zeit der Entlassung aus der Heil- oder Aufsichtsanstalt die Dauer der zuerkannten Strafe noch nicht abgelaufen ist, so soll er den Rest der Strafe in einer Strafanstalt verbüßen.

§ 42. Wenn jemand ein Verbrechen oder Vergehen in Trunkenheit begangen hat, kann das Gericht neben der Strafe ihm den Besuch der Wirtshäuser verbieten. Die Zeitdauer dieses Verbotes darf nicht mehr als zwei Jahre und nicht weniger als drei Monate betragen.

§ 43. Gegenstände, deren Gebrauch, Anfertigung, Innehabung oder Verkauf gesetzlich verboten ist, und durch welche die Sicherheit anderer gefährdet wird, können durch Urteil eingezogen werden, wobei es gleichgültig ist, wem das Eigentum an ihnen zusteht, und ohne daß es erforderlich ist, daß eine Untersuchung gegen irgend eine Person eingeleitet worden ist, noch überhaupt eingeleitet werden kann.

Diese Gegenstände sollen je nach Erfordernis unbrauchbar gemacht oder vernichtet werden.

3. Kapitel.

Straftat und Täter.

a) Bedingungen der Strafbarkeit.

§ 44. Wer vorsätzlich ein Verbrechen begeht, ist immer zu bestrafen, bei fahrlässigem Handeln aber nur in den durch das Gesetz ausdrücklich bestimmten Fällen.

Wer ein Vergehen begeht, ist außer in den durch das Gesetz ausdrücklich bestimmten Fällen auch dann zu bestrafen, wenn er es fahrlässig begangen hat.

§ 45. Eine Straftat ist vorsätzlich begangen, nicht nur wenn der Täter ihre Begehung gewollt hat, sondern auch dann, wenn er den verbotenen Erfolg als mögliche Folge seiner Tat vorausgesehen und dessen Eintritt gebilligt hat, ohne Rücksicht darauf, ob er ihn gewünscht hat oder nicht.

Eine Straftat ist fahrlässig begangen, sowohl wenn der Täter den Erfolg vorausgesehen, leichtsinnigerweise aber angenommen hat, daß dieser nicht eintreten werde, als auch dann, wenn er den Erfolg nicht vorausgesehen hat, diesen aber nach den Umständen des Falles und nach seinen persönlichen Eigenschaften hätte voraussehen können oder, ihn vorauszusehen, verpflichtet war.

§ 46. Die Umstände tatsächlicher oder rechtlicher Natur, die zum gesetzlichen Tatbestande gehören, können demjenigen nicht zur Schuld zugerechnet werden, der sie zur Zeit der Begehung der Tat nicht kannte.

Beruht diese Unkenntnis auf Fahrlässigkeit, so soll der Täter für fahrlässig begangene Straftaten in demjenigen Falle verantwortlich sein, in dem auch die Fahrlässigkeit mit Strafe bedroht ist.

§ 47. Nicht verantwortlich ist derjenige, der bei Begehung der Tat irrtümlich glaubt, daß Umstände vorliegen, die, wenn sie tatsächlich vorlägen, zu der Tat berechtigen würden.

Wenn der Täter aus Fahrlässigkeit in diesen Irrtum verfallen ist, so soll er für die fahrlässig begangene Straftat in demjenigen Falle verantwortlich sein, in dem auch die Fahrlässigkeit mit Strafe bedroht ist.

§ 48. Unkenntnis oder mangelhafte Kenntnis des Strafgesetzes entschuldigen niemanden.

Mit Rücksicht auf die Umstände, unter denen die Tat begangen ist, kann jedoch auf mildere Strafe erkannt werden.

§ 49. Nicht strafbar ist, wer zur Zeit der Begehung der Tat infolge von Geistesstörung, Bewustlosigkeit oder zurückgebliebener geistiger Entwicklung nicht fähig war, das Wesen und die Bedeutung seiner Tat einzusehen.

War einer der vorbezeichneten Zustände von solcher Art, daß durch sie zur Zeit der Begehung der Tat die Einsicht in das Wesen und die Bedeutung der Tat beim Täter vermindert war, so kann das Gericht nach freiem Ermessen die Strafe mildern (§ 62).

b) Jugendliches Alter.

§ 50. Nicht strafbar ist, wer zur Zeit der Begehung der Tat das vierzehnte Lebensjahr nicht vollendet hat.

Ein solches Kind ist den Eltern, den Pflegern oder der Schulverwaltung zum Zwecke der Bestrafung und Versorgung zu übergeben. Ist das Kind verwahrlost oder sittlich verdorben, so ist es einer Erziehungsanstalt zu überweisen, in der es bis zu seiner Besserung zu behalten ist, jedoch höchstens bis zum vollendeten achtzehnten Lebensjahre.

§ 51. Ein Jugendlicher, der zur Zeit der Begehung der Tat das vierzehnte, aber nicht das siebzehnte Lebensjahr vollendet hatte, ist nicht zu bestrafen, wenn er nicht fähig war, das Wesen und die Bedeutung seiner Tat einzusehen.

Ein solcher Jugendlicher ist den Eltern, den Vormündern oder den Personen, die ihn versorgen, zu übergeben, damit diese ihn beaufsichtigen. Wenn er verwahrlost oder sittlich verdorben ist, so ist er einer Erziehungsanstalt zu überweisen, in der er bis zu seiner Besserung zu behalten ist, jedoch mindestens ein Jahr und höchstens bis zu seinem vollendeten einundzwanzigsten Lebensjahre.

§ 52. Ist ein solcher Jugendlicher imstande, das Wesen und die Bedeutung seiner Tat einzusehen, so soll er mit Gefängnis bestraft oder einer Erziehungs- und Besserungsanstalt oder einer besonderen Besserungsanstalt für Jugendliche überwiesen werden.

Wenn Erziehung oder Besserung für den Jugendlichen nicht erforderlich sind, so soll dieser mit Gefängnis bestraft werden, dessen Dauer mindestens drei Tage und höchstens zwei Monate betragen darf.

Ist ein Jugendlicher verwahrlost oder sittlich verdorben, so soll er einer Erziehungs- und Besserungsanstalt überwiesen werden. Er ist bis zu seiner Besserung in der Anstalt zu behalten, jedoch mindestens ein Jahr und höchstens bis zu seinem vollendeten einundzwanzigsten Lebensjahre.

Ist ein Jugendlicher sittlich so verdorben, daß er nicht in eine Erziehungs- und Besserungsanstalt aufgenommen werden kann, so ist er einer nur der Besserung dienenden Anstalt zu überweisen. Er ist bis zu seiner Besserung in dieser Anstalt zu behalten, jedoch mindestens drei und höchstens zehn Jahre.

Der Justizminister bestimmt nach den Vorschlägen der Anstaltsverwaltung die Entlassung aus der Erziehungs- und Besserungsanstalt oder aus der besonderen Besserungsanstalt. Die Entlassung ist eine bedingte. Die Anstaltsverwaltung und die zuständige Polizeibehörde sind verpflichtet, dem Jugendlichen Beschäftigung zu verschaffen und ihn zu überwachen. Mißbraucht der Entlassene die Freiheit vor Ablauf eines Jahres, so ist er in die Anstalt zurückzubringen; anderenfalls gilt er als endgültig entlassen.

§ 53. Ein Jugendlicher, der zur Zeit der Begehung der Tat das siebzehnte, aber noch nicht das einundzwanzigste Lebensjahr vollendet hatte, ist nach folgenden Vorschriften zu bestrafen:

1. Ist die Tat mit dem Tode oder mit lebenslänglichem Zuchthaus bedroht, so ist auf Zuchthaus von mindestens sieben Jahren zu erkennen.

2. Das Gericht ist, wenn die Tat mit zeitiger Freiheitsstrafe bedroht ist, an die für diese Tat gesetzlich bestimmte Mindeststrafe nicht gebunden und darf, wenn Zuchthaus in Betracht kommt, nicht über zehn Jahren erkennen.

3. Wenn das Gericht eine Milderung der Strafe für angebracht hält, so kann es statt auf Zuchthaus auf Gefängnis von mindestens sechs Monaten und höchstens fünf Jahren erkennen.

4. Ein Jugendlicher darf nicht zum Verlust der bürgerlichen Ehrenrechte verurteilt werden.

5. Verurteilte Jugendliche sollen bis zum vollendeten einundzwanzigsten Lebensjahre von anderen volljährigen Sträflingen getrennt und in besonderen Strafanstalten gehalten werden.

c) Ausschluß der Rechtswidrigkeit.

§ 54. Eine Straftat ist nicht vorhanden, wenn die Tat in Notwehr begangen ist. Notwehr ist diejenige Verteidigung, welche erforderlich ist, um einen gegenwärtigen, rechtswidrigen Angriff von sich oder einem anderen abzuwenden.

Überschreitet der Täter die Grenzen der Notwehr, so kann das Gericht die Strafe nach freiem Ermessen mildern (§ 62); überschreitet jener die Grenzen der Notwehr infolge heftiger Aufregung, Bestürzung oder Schrecken, so bleibt er straflos.

§ 55. Eine Straftat ist nicht vorhanden, wenn jemand die Tat zur Rettung von Leben, Leib, Freiheit, Ehre, Vermögen oder einem anderen Rechtsgute seiner selbst oder eines anderen aus einer gegenwärtigen, anders nicht abwendbaren Gefahr begeht, sofern die durch diese Tat verursachte Verletzung nicht größer ist als die Gefahr. Anderenfalls kann das Gericht die Strafe nach freiem Ermessen mildern (§ 62).

Diese Bestimmung ist nicht auf denjenigen anwendbar, für den eine besondere Pflicht besteht, sich der Gefahr auszusetzen.

4. Kapitel.

Versuch.

§ 56. Wer vorsätzlich die Ausführung eines Verbrechens begonnen, dieses aber nicht vollendet hat, ist wegen Versuchs zu bestrafen.

Der Versuch eines Verbrechens ist nur in den durch das Gesetz besonders bestimmten Fällen straflos. Der Versuch eines Vergehens ist straflos.

§ 57. Der Versuch kann milder bestraft werden als die vollendete Tat.

Wenn das Mittel, mit dem jemand ein Verbrechen auszuführen versucht, oder der Gegenstand, an dem die Ausführung versucht wird, solcher Art sind, daß das Verbrechen weder mit einem solchen Mittel, noch an einem solchen Gegenstande überhaupt ausgeführt werden konnte, so kann das Gericht die Strafe nach freiem Ermessen mildern (§ 62) und in besonders leichten Fällen von Strafe überhaupt absehen.

Vorbereitungshandlungen sind nicht strafbar.

§ 58. Die Strafbarkeit des Versuchs fällt weg, wenn der Täter freiwillig entweder die Ausführung aufgibt oder den Eintritt des zur Vollendung des Verbrechens gehörigen Erfolges verhindert, bevor er weiß, daß seine Tat entdeckt ist.

5. Kapitel.

Anstiftung und Beihilfe.

§ 59. Wer einen anderen zur Begehung einer Straftat vorsätzlich bestimmt oder anstiftet, ist so zu bestrafen, als wenn er die Tat selbst begangen hätte.

Wer einen anderen zur Begehung eines mit Zuchthaus bedrohten Verbrechens zu bestimmen oder anzustiften versucht, ist wegen Versuchs milder zu bestrafen.

Wer einem anderen zur Begehung einer Straftat vorsätzlich Beihilfe leistet, kann milder bestraft werden.

Persönliche Verhältnisse, Eigenschaften und Umstände, welche die Strafbarkeit erhöhen, vermindern oder ausschließen, können nur hinsichtlich desjenigen Täters, Anstifters oder Gehilfen berücksichtigt werden, bei dem sie vorliegen.

6. Kapitel.

Strafbemessung.

§ 60. Die Strafe ist nach dem Verschulden des Täters zu bemessen. Dabei sind alle Umstände, welche auf die Strafe erhöhend oder vermindernd wirken können, zu berücksichtigen, insbesondere aber die verbrecherische Gesinnung, die Beweggründe, der Zweck der Tat, der Anreiz zur Tat, die persönlichen und wirtschaftlichen Verhältnisse des Täters, das Verhalten nach vollendeter Tat, die betätigte Reue über die Tat und das Streben, die durch die Tat verursachten Folgen wieder gutzumachen.

§ 61. Wenn nach der Ansicht des Gerichts ein oder mehrere mildernde Umstände vorliegen, so findet Milderung der Strafe nach folgenden Vorschriften statt:

1. wenn die Tat mit Todesstrafe bedroht ist, so ist auf lebenslängliches Zuchthaus oder auf Zuchthaus nicht unter zehn Jahren zu erkennen;

2. wenn die Tat mit lebenslänglicher Zuchthausstrafe bedroht ist, so ist auf Zuchthaus nicht unter sieben Jahren zu erkennen;

3. wenn die Tat mit zeitiger Freiheitsstrafe bedroht und deren Mindestgrenze für diese Tat gesetzlich bestimmt ist, so kann die Strafe bis zur Mindestgrenze dieser Strafart erniedrigt werden;

4. wenn die Tat mit zeitiger Freiheitsstrafe bedroht ist, ohne daß deren Mindestgrenze für diese Tat bestimmt ist, so kann die Strafe bis zur Mindestgrenze dieser Strafart erniedrigt und statt auf Zuchthaus auf Gefängnis erkannt werden.

§ 62. Wenn das Gesetz das Gericht ausdrücklich ermächtigt, die Strafe nach freiem Ermessen zu mildern, so ist das Gericht an die Strafart und das Strafmaß, die für die Straftat angedroht sind, nicht gebunden.

§ 63. Wo das Gesetz die Wahl zwischen Zuchthaus und Gefängnis gestattet, ist auf Zuchthaus dann zu erkennen, wenn die Tat aus ehrlosen Beweggründen hervorgegangen ist oder die ruchlose Gesinnung des Täters offenbart.

§ 64. Wer wegen eines vorsätzlich begangenen Verbrechens zu Zuchthaus oder zu Gefängnis verurteilt ist und binnen fünf Jahren, nachdem er die Strafe teilweise oder vollständig verbüßt hat, wiederum vorsätzlich ein Verbrechen begeht, befindet sich im Rückfalle und soll härter bestraft werden, als wenn er die Tat zum ersten Male begangen hätte. Das Gericht ist an den Höchstbetrag der angedrohten Strafe nicht gebunden; es kann jedoch höchstens auf das Doppelte der angedrohten Strafe erkennen, aber nicht auf mehr als zwanzig Jahre Zuchthaus oder fünf Jahre Gefängnis.

§ 65. Die vor der Rechtskraft des Urteils erlittene Untersuchungshaft soll auf die erkannte Strafe, wenn diese Zuchthaus-, Gefängnis- oder Geldstrafe ist, angerechnet werden.

Wenn Untersuchungshaft in Zuchthaus- oder Geldstrafe umzurechnen ist, so soll es nach dem in §§ 24 und 28 vorgeschriebenen Maßstabe geschehen.

7. Kapitel.

Zusammentreffen mehrerer Straftaten.

§ 66. Wer durch eine Handlung mehrere Straftaten begeht, soll nach demjenigen Gesetze bestraft werden, das die schwerste Strafe, bei ungleichen Strafarten die schwerste Strafart, vorschreibt. Nebenstrafen sind hierbei nicht zu berücksichtigen. Auf diese muß oder kann erkannt werden, wenn sie in einem der verletzten Gesetze angeordnet oder zugelassen sind.

§ 67. Wenn jemand durch mehrere Straftaten mehrere zeitige Freiheitsstrafen verwirkt hat, so ist gegen ihn auf eine Gesamtstrafe zu erkennen, die in einer Erhöhung der verwirkten schwersten Strafe besteht.

Die Gesamtstrafe darf weder den Betrag der verwirkten Einzelstrafen erreichen noch bei Verbrechen zwanzig Jahre Zuchthaus oder fünf Jahre Gefängnis und bei Vergehen fünf Monate Gefängnis übersteigen.

In bezug auf Nebenstrafen findet das im Schlußsatze des § 66 Gesagte Anwendung.

§ 68. Wer durch mehrere Straftaten mehrere Geldstrafen verwirkt hat, soll zum vollen Betrage der verwirkten Einzelstrafen verurteilt werden.

Die Umwandlung der Geldstrafe in Gefängnisstrafe hat nach dem im § 28 vorgeschriebenen Maßstabe zu erfolgen, doch darf das an die Stelle der Geldstrafe tretende Gefängnis bei Verbrechen ein Jahr und bei Vergehen fünf Monate nicht übersteigen.

§ 69. Die Bestimmungen der §§ 67 und 68 finden auch Anwendung, wenn, bevor eine erkannte Strafe verbüßt, verjährt oder erlassen ist, die Verurteilung wegen einer vor der früheren Verurteilung begangenen Straftat erfolgt. Die vom Verurteilten schon verbüßte Strafe ist bei der Feststellung der neuen Gesamtstrafe anzurechnen.

8. Kapitel.

Bedingte Verurteilung.

§ 70. Bei Verurteilungen zu einer ein Jahr nicht übersteigenden Gefängnis- oder Geldstrafe kann das Gericht bei besonders mildernden Umständen durch ein und dasselbe mit Gründen versehene Urteil die Vollstreckung der Strafe während einer gewissen Frist aufschieben, deren Dauer bei Verbrechen mindestens ein Jahr und höchstens fünf Jahre, bei Vergehen mindestens ein Jahr und höchstens zwei Jahre betragen darf. Der Strafaufschub soll nicht demjenigen zugebilligt werden, der bereits früher eine Freiheitsstrafe vollständig oder teilweise verbüßt hat.

Bei einer solchen Entscheidung sollen vom Gericht besonders berücksichtigt werden: Lebensalter, früherer Lebenswandel des Verurteilten, Schwere der begangenen Tat, mildernde Umstände, unter denen sie begangen ist, ob der Verurteilte vor dem Gericht seine Tat ganz und aufrichtig eingestanden hat, ob er dem Geschädigten den angerichteten Schaden und dessen Unkosten ersetzt hat oder wenigstens erklärt hat, Ersatz leisten zu wollen.

Der Aufschub der Strafvollstreckung kann von dem Ersatze des angerichteten und gerichtlich festgestellten Schadens, sowie von der Zahlung der während einer durch Urteil festzusetzenden, aber nicht mehr als ein Jahr betragenden Frist zu entrichtenden Gerichtskosten abhängig gemacht werden.

§ 71. Wenn der nach § 70 Verurteilte innerhalb der Frist, während der die Strafvollstreckung aufgeschoben worden ist, vorsätzlich eine Straftat begeht und wegen dieser selbst nach Ablauf der Frist zum Verluste des Amtes, zu Gefängnis oder zu schwererer Strafe verurteilt wird, so ist der Aufschub der ersten Strafe als weggefallen zu betrachten, und beide Strafen sind unverkürzt zu vollstrecken.

Wenn die neue Straftat fahrlässig oder zwar vorsätzlich begangen ist, der Täter aber zu einer milderen Strafe als zum Verluste des Amtes oder zu Gefängnis verurteilt ist, so hat das Gericht mit Rücksicht auf die Natur der beiden Straftaten zu entscheiden, ob die aufgeschobene Strafe sofort zu vollstrecken ist, oder ob die Vollstreckung weiter aufzuschieben ist. Hält das Gericht auch den Aufschub der Vollstreckung der neuen Strafe für angebracht, so hat es die Frist dieses Aufschubes ebenfalls im Urteile zu bestimmen.

Wenn der Aufschub von dem Ersatze des Schadens abhängig gemacht ist und der Verurteilte diesen während der festgesetzten Frist nicht leistet, so ist die aufgeschobene Strafe sofort zu vollstrecken, wenn die Nichtleistung nicht durch Umstände verursacht war, für die der Verurteilte nicht verantwortlich gemacht werden kann. In einem solchen Falle kann das Gericht entweder eine neue Frist für den Ersatz des Schadens festsetzen oder den Strafaufschub auch ohne Ersatz des Schadens anordnen, wenn es die Überzeugung gewonnen hat, daß der Verurteilte nicht imstande ist, den Schaden zu ersetzen.

§ 72. Der Aufschub der Vollstreckung der Gefängnisstrafe ist auch dann zu widerrufen, wenn der nach § 70 Verurteilte wegen einer vor der ersten Verurteilung begangenen Tat verurteilt wird. In diesem Falle soll für beide Straftaten nach §§ 67 und 68 auf eine Gesamtstrafe erkannt werden. Dasselbe gilt für den Fall, daß die Geldstrafe aufgeschoben ist und das Gericht für die zweite Tat auf Zuchthausstrafe erkennen muß.

Wenn wegen beider Straftaten Geldstrafe oder wegen der ersten Gefängnis und wegen der zweiten Geldstrafe verhängt sind, so hat das Gericht zu entscheiden, ob die aufgeschobene Strafe sofort zu vollstrecken ist, oder ob deren Vollstreckung weiter aufzuschieben ist.

§ 73. Ist die Frist des Strafaufschubes nach § 70 abgelaufen, ohne daß das Gericht deren Vollstreckung angeordnet hat, so ist die Strafe als verbüßt anzusehen.

§ 74. Nach Verlesung des Urteils, in dem der Aufschub der Strafvollstreckung angeordnet ist, hat der Vorsitzende des Gerichts dem Verurteilten alle vorstehenden Bestimmungen zu erläutern, ihn an den Ernst seiner aus diesen Bestimmungen hervorgehenden Pflichten zu ermahnen und ihn besonders darauf hinzuweisen, daß die gegen ihn erkannte Strafe vollstreckt werden wird, wenn er während der festgesetzten Frist irgendwie den Bestimmungen dieses oder eines anderen Gesetzes zuwider handelt.

9. Kapitel.

Verjährung.

§ 75. Das Verbrechen verjährt:

in fünfundzwanzig Jahren, wenn es mit Todesstrafe oder lebenslänglicher Zuchthausstrafe bedroht ist;

in zwanzig Jahren, wenn es mit einer Zuchthausstrafe von mehr als zehn Jahren bedroht ist;

in fünfzehn Jahren, wenn es mit einer Zuchthausstrafe bis zu zehn Jahren bedroht ist;

in zehn Jahren, wenn es mit einer Zuchthausstrafe bis zu fünf Jahren oder nur mit Zuchthausstrafe bedroht ist;

in fünf Jahren, wenn es mit einer Gefängnisstrafe von mehr als einem Jahre bedroht ist;

in drei Jahren, wenn es mit einer Gefängnisstrafe bis zu einem Jahre oder nur mit einer Geldstrafe bedroht ist.

Das Vergehen verjährt in sechs Monaten, insoweit das Gesetz nichts anderes vorschreibt.

§ 76. Die Verjährung ruht während der Zeit, in der die Untersuchung auf Grund des Gesetzes nicht begonnen oder nicht fortgesetzt werden kann und solange, als der Täter im Auslande weilt, um sich der Untersuchung zu entziehen.

Wenn zur Untersuchung der Straftat ein Antrag oder eine besondere Ermächtigung erforderlich ist, so wird der Lauf der Verjährung durch den Mangel des Antrages oder der Ermächtigung nicht gehindert.

§ 77. Der Lauf der Verjährung beginnt mit dem Tage, an dem die Straftat begangen ist.

Sie wird durch jede wegen der begangenen Tat gegen den Täter gerichtete Handlung der Untersuchungsbehörde oder des Gerichts unterbrochen.

Mit jeder Unterbrechung beginnt eine neue Verjährung. Jedoch verjährt die Straftat jedenfalls dann, wenn das Doppelte des Zeitraums verstrichen ist, der nach dem Gesetze für die ordentliche Verjährung dieser Tat erforderlich ist.

§ 78. Strafen verjähren:

Todesstrafe und lebenslängliche Zuchthausstrafe in dreißig Jahren;

Zuchthausstrafe von mehr als zehn Jahren in fünfundzwanzig Jahren;

Zuchthausstrafe von fünf bis zu zehn Jahren in zwanzig Jahren;

Zuchthausstrafe bis zu fünf Jahren in zwölf Jahren;

Gefängnisstrafe von mehr als einem Jahre in acht Jahren;

Gefängnisstrafe von mehr als sechs Monaten in fünf Jahren und jede andere Strafe in zwei Jahren.

§ 79. Der Lauf der Verjährung beginnt mit dem Tage, an dem das Urteil rechtskräftig geworden ist.

Sie wird durch die in der Absicht der Strafvollstreckung erfolgte Festnahme des Verurteilten unterbrochen. Die Verjährung einer Geldstrafe wird durch jede auf Zahlung der Geldstrafe gerichtete Handlung der Vollstreckungsbehörde unterbrochen.

Mit der Unterbrechung beginnt eine neue Verjährung. Jedoch verjährt die Strafe jedenfalls dann, wenn das Doppelte des Zeitraums verstrichen ist, der nach dem Gesetze für die ordentliche Verjährung dieser Strafe erforderlich ist.

§ 80. Die Verjährung ruht, solange die Vollstreckung der Strafe gesetzlich nicht stattfinden kann, ferner, solange eine andere Freiheitsstrafe vollstreckt wird.

10. Kapitel.

Strafantrag.

§ 81. Bei den Straftaten, die nur auf Antrag verfolgt und entschieden werden können, soll die Untersuchung erst dann beginnen, wenn der zum Antrag Berechtigte binnen sechs Monaten den Antrag gestellt hat. Diese Frist beginnt mit dem Tage, an dem der zum Antrage Berechtigte von der begangenen Tat und der Person des Täters Kenntnis erlangt hat.

Der Antrag kann von jedem durch die Straftat Verletzten erhoben werden, sofern das Gesetz nichts anderes bestimmt. Ist der Verletzte oder Geschädigte geisteskrank oder minderjährig, so ist sein gesetzlicher Vertreter zur Stellung des Antrags berechtigt. Der Verletzte, der das achtzehnte Lebensjahr vollendet hat, kann auch selbständig den Antrag stellen.

Nach dem Tode des Verletzten steht das Recht der Stellung oder weiteren Verfolgung des Antrages dem hinterbliebenen Ehegatten, seinen Kindern und in Ermangelung dieser, seinen Verwandten gerader Linie sowie seinen Geschwistern zu.

§ 82. Die Untersuchung findet gegen sämtliche Teilnehmer statt, auch wenn nur gegen einen von ihnen der Antrag gestellt ist.

§ 83. Der Antrag kann bis zur Verkündung des Urteils erster Instanz zurückgenommen werden.

Mit der Zurücknahme des Antrags gegen einen der Beklagten sind Untersuchung und Urteil auch gegen die anderen einzustellen.

Die Zurücknahme des Antrags kann nicht widerrufen werden.

Der Beklagte braucht in die Zurücknahme des Antrages nicht einzuwilligen.

11. Kapitel.

Wiedergewinnung der Rechte (Rehabilitation).

§ 83a. Jeder zur Aberkennung der bürgerlichen Ehrenrechte (§§ 31, 32), zum Verlust des staatlichen oder eines anderen Amtes (§ 34), zum Verbot der Ausübung eines gewissen Berufes oder Gewerbes (§ 35) Verurteilte kann die verlorenen Rechte wiedergewinnen, wenn seit dem Tage, an dem die Hauptstrafe verbüßt, verjährt oder erlassen ist, ein bei Zuchthaus mindestens fünf, bei Gefängnis mindestens drei Jahre betragender Zeitraum verstrichen ist, wenn er sich während der ganzen Zeit gut geführt und nach seinem ganzen Verhalten sich der Rehabilitation würdig gezeigt hat, und wenn er den durch die Straftat verursachten Schaden, soweit es ihm seine Mittel erlaubten, ersetzt hat.

Bei verurteilten Jugendlichen kann das Gericht unter vorstehenden Bedingungen die Verurteilung als nicht vorhanden bezeichnen.

II. Besonderer Teil.

Erster Abschnitt: Verbrechen.

12. Kapitel.

Verbrechen gegen den Bestand und die Verfassung des Staates.

§ 84. Wer mit einem fremden Staat in Unterhandlung tritt, um diesen zu einem Kriege gegen Serbien zu veranlassen, soll mit Zuchthaus bis zu zwanzig Jahren bestraft werden.

Wenn infolge dieses Tuns der Krieg gegen Serbien ausgebrochen ist, soll der Täter mit lebenslänglichem Zuchthaus bestraft werden.

§ 85. Wer während eines gegen Serbien geführten Krieges rechtswidrig im feindlichen Heere Dienste nimmt oder in diesem rechtswidrig verbleibt, soll mit Zuchthaus bestraft werden.

Wenn er aber an dem Kriege auch teilgenommen hat, soll er mit lebenslänglichem Zuchthaus bestraft werden.

§ 86. Wer während eines gegen Serbien geführten Krieges dem Feinde Vorschub leistet, oder wer vorsätzlich dem serbischen Heere oder dem Heere der serbischen Bundesgenossen Nachteil zufügt, soll mit Zuchthaus bis zu zwanzig Jahren bestraft werden.

In folgenden Fällen soll der Täter mit lebenslänglichem Zuchthaus bestraft werden, wenn er:

a) bewirkt, daß Festungen, Wege, bewachte Plätze oder andere befestigte oder der Verteidigung dienende Punkte, Kriegsschiffe, öffentliche Gelder, Waffenvorräte, Magazine, Waffen, Schießbedarf und andere Kriegs- und Lebensbedürfnisse in die Hände des Feindes fallen, oder wenn er sie zerstört oder unbrauchbar macht;

b) bewirkt, daß das serbische oder ein diesem verbündetes Heer oder einzelne Soldaten in die Hände des Feindes fallen;

c) dem Feinde Soldaten zuführt oder serbische oder verbündete Soldaten verleitet, zum Feinde überzugehen;

d) dem Feinde die Pläne der Kriegsoperationen, der Festungen oder befestigten Plätze ausliefert oder mitteilt oder solche Pläne vernichtet oder unbrauchbar macht;

e) dem Feinde als Spion dient oder feindliche Spione aufnimmt, verbirgt oder ihnen überhaupt Beistand leistet;

f) eine Empörung unter den Soldaten des serbischen oder eines verbündeten Heeres zu erregen versucht.

§ 87. Mit Zuchthaus bis zu zwanzig Jahren soll bestraft werden, wer:

a) Staatsgeheimnisse oder solche Urkunden oder Berichte über Gegenstände, von denen er weiß, daß ihre Geheimhaltung im Staatsinteresse erforderlich ist, einer fremden Regierung oder deren Beauftragten ausliefert oder mitteilt oder sie öffentlich bekannt macht;

b) die Pläne der Kriegsoperationen, der Festungen oder der befestigten Plätze oder die Berichte über Truppenbewegungen, von denen er weiß, daß ihre Geheimhaltung im Staatsinteresse erforderlich ist, einer fremden Regierung oder deren Beauftragten ausliefert oder mitteilt;

c) Urkunden oder sonstige Beweise über die Beziehungen Serbiens zu einem fremden Staate oder sonstige Urkunden über Staatsgeheimnisse zum Nachteile des serbischen Staates vernichtet, verfälscht oder unterdrückt;

d) ein ihm aufgetragenes Staatsgeschäft mit einer fremden Regierung zum Nachteile Serbiens führt.

Wenn dies aus Fahrlässigkeit begangen ist, soll der Täter mit Gefängnis bestraft werden.

§ 88. Wer während des Krieges, der Kriegsgefahr oder der Mobilmachung die Pläne der Kriegsoperationen, der Festungen oder der befestigten Plätze oder überhaupt Berichte über Truppenbewegungen, deren Geheimhaltung im Staatsinteresse erforderlich ist, veröffentlicht, soll mit Zuchthaus bis zu zwanzig Jahren bestraft werden.

Wenn dies während des Friedens begangen ist, soll er mit Gefängnis von mindestens einem Jahre bestraft werden.

§ 89. Wer militärische Festungen oder befestigte Plätze auskundschaftet oder Berichte über Pläne von Kriegsoperationen oder überhaupt von Gegenständen und Maßnahmen sich verschafft, die sich auf den Krieg oder die militärische Verteidigung des Staates beziehen, und deren Geheimhaltung im Staatsinteresse erforderlich ist, soll mit Zuchthaus bis zu fünfzehn Jahren bestraft werden.

§ 90. Wer den König oder den Thronfolger zu töten versucht, soll mit dem Tode bestraft werden.

§ 91. Wer zu bewirken versucht, daß der König zur Regierung unfähig gemacht, oder daß der König oder der Thronfolger oder ein Mitglied des königlichen Hauses gefangen genommen, aus dem Lande verwiesen oder dem Feinde in die Hände geliefert wird, soll mit lebenslänglichem Zuchthaus bestraft werden.

§ 92. Wer durch eine Handlung gegen den König oder den Thronfolger Gewalt anwendet, soll mit Zuchthaus bis zu zwanzig Jahren bestraft werden.

Wenn er dies gegen ein anderes Mitglied des königlichen Hauses begangen hat, soll er mit Zuchthaus bis zu zehn Jahren bestraft werden.

§ 93. Die Vorschriften der §§ 90, 91 und 92 des ersten Abschnittes gelten auch für Angriffe auf die Königlichen Namesniks*).

§ 94. Wer zu bewirken versucht:

a) daß die verfassungsmäßige Thronfolgeordnung oder die Staatsverfassung in ihren Grundbestimmungen über die Staatsorganisation verfassungswidrig geändert wird, oder daß der Landesherr an der Ausübung seiner Verfassungsrechte gehindert wird; oder

b) daß der serbische Staat oder ein Teil desselben verfassungswidrig einem anderen Staate einverleibt oder ein Teil desselben vom Ganzen losgetrennt wird, soll mit Zuchthaus bis zu zwanzig Jahren bestraft werden.

§ 95. Wenn mehrere Personen die Begehung einer nach §§ 90 bis 94 strafbaren Tat, verabredet, ihre Ausführung aber nicht versucht haben, sollen sie wegen dieser Verabredung mit Zuchthaus bis zu zehn Jahren bestraft werden.

§ 96. Nach der vorigen Bestimmung soll auch derjenige bestraft werden, der zum Zwecke der Begehung einer der nach §§ 90—94 strafbaren Taten mit einer fremden Regierung in Unterhandlung tritt oder die ihm anvertraute Staatsgewalt mißbraucht oder überhaupt eine Handlung unternommen hat, durch welche die Ausführung der Tat selbst unmittelbar vorbereitet wird.

§ 97. Wer weiß, daß die Begehung einer nach §§ 90—94 strafbaren Tat vorbereitet wird und hiervon der Behörde nicht Anzeige

*) Diese sind Träger der königlichen Gewalt in den in der Verfassung bestimmten Fällen (z. B. während der Unmündigkeit des Königs).

macht, soll, wenn darauf diese Tat versucht oder begangen wird, mit Zuchthaus bis zu zehn Jahren bestraft werden.

Wenn er mit dem Täter in gerader Linie oder in der Seitenlinie bis zum zweiten Grade blutsverwandt ist oder zu ihm im Verhältnis des Ehegatten steht, soll er nicht bestraft werden.

§ 98. Die Vorschriften der vorigen Paragraphen finden auch auf denjenigen Anwendung, der eine von diesen Taten gegen einen fremden Staat, Landesherrn, Regenten oder ein Mitglied des landesherrlichen Hauses eines fremden, mit Serbien in freundschaftlichen Beziehungen stehenden Staates begeht.

§ 99. Wer ein öffentliches Zeichen der Staats- oder Herrschergewalt wegnimmt oder es vernichtet, beschädigt, befleckt oder groben Unfug daran begeht, soll mit Gefängnis oder mit Geldstrafe bis zu dreitausend Dinaren bestraft werden.

Mit derselben Strafe soll auch derjenige bestraft werden, der diese Tat gegen ein Zeichen der Staats- oder Herrschergewalt eines fremden, mit Serbien in freundschaftlichen Beziehungen stehenden Staates begeht.

§ 100. Wer die dem Landesherrn verfassungsmäßig zustehenden Rechte, die gesetzliche Thronfolgeordnung oder die bestehende Staatsform mündlich oder schriftlich angreift oder lächerlich und verächtlich macht, soll mit Gefängnis bis zu fünf Jahren bestraft werden.

§ 101. Wer den Eid, den zu leisten er gesetzlich verpflichtet ist, nicht leisten will, oder wer unter Vorgabe seiner religiösen oder politischen Überzeugung seiner Dienstpflicht im Heere nicht genügen will, soll mit Gefängnis bestraft werden.

Ebenso soll derjenige bestraft werden, der irgend eine Handlung gegen die griechisch-katholische Kirche unternimmt (Proselytismus).

13. Kapitel.

Verbrechen gegen die Staatsgewalt, die Staatsbeamten und die Staatsangestellten.

§ 102. Wer einen Staatsbeamten oder einen Staatsangestellten durch Gewalt oder Drohung mit Gewalt an der Vornahme einer rechtmäßigen Amtshandlung hindert oder ihn zur Vornahme einer Amtshandlung nötigt, soll mit Gefängnis bestraft werden.

§ 103. Wird die in vorstehender Bestimmung angeführte Tat von einer zusammengerotteten Menschenmenge begangen, so soll jeder Teilnehmer mit Gefängnis von mindestens drei Monaten bestraft werden.

Jeder Teilnehmer, der gegen die eine Amtshandlung vornehmenden Personen oder gegen Sachen, die Gegenstand einer Amtshandlung sind, Gewalt anwendet, soll mit Zuchthaus bis zu fünf Jahren bestraft werden.

Wenn die Amtsperson infolge der Gewalt eine erhebliche Körperverletzung erlitten hat, soll der Täter nach den Vorschriften über Körperverletzung bestraft werden.

§ 104. Wer zum Widerstande gegen die Staatsgewalt und deren Organe öffentlich auffordert, soll mit Gefängnis bestraft werden.

§ 105. Wenn der Staatsbeamte oder Staatsangestellte durch sein unstatthaftes Benehmen oder Tun Veranlassung geboten hat, daß jemand eine der in den vorgehenden Vorschriften dieses Kapitels angeführten Taten begeht, soll der Täter mit dem Mindestbetrage derjenigen Strafe, die für die betreffende Straftat vorgeschrieben ist, bestraft werden; auch kann er von jeder Strafe freigesprochen werden.

§ 106. Wer einen Gefangenen oder Verhafteten durch Drohung, Gewalt oder List aus der Haft befreit oder ihm dazu irgendwie Hilfe leistet, soll mit Gefängnis bestraft werden.

Wenn eine zusammengerottete Menschenmenge diese Tat begeht, soll jeder Teilnehmer mit Zuchthaus bis zu fünf Jahren bestraft werden.

§ 107. Die Gefangenen oder Verhafteten, die sich zusammenrotten und gemeinsam ihre Aufsichtsbeamten und Wächter angreifen oder ihnen gewaltsam Widerstand leisten oder sich gewaltsam befreien, sollen mit Zuchthaus bis zu fünf Jahren bestraft werden.

§ 108. Wer gesetzwidrig sich die Gewalt eines Staatsbeamten oder Staatsangestellten anmaßt, soll mit Gefängnis bis zu einem Jahre oder mit Geldstrafe bis zu tausend Dinaren bestraft werden.

§ 109. Wer einen Staatsbeamten, Richter, Schiedsrichter oder Geschworenen durch ein Geschenk oder durch das Versprechen eines Vorteils zur Begehung einer gesetzwidrigen Handlung bestimmt, soll mit Gefängnis oder mit Geldstrafe bis zu fünftausend Dinaren bestraft werden.

§ 110. Wer einen Wehrpflichtigen von der Erfüllung seiner Pflicht abhält oder ihm Beistand leistet, damit er sich gesetzwidrig seiner Pflicht entzieht, soll mit Gefängnis bestraft werden.

§ 111. Wer unbefugt ein Siegel, das von der Behörde oder deren Beamten oder Angestellten amtlich an Sachen angelegt worden ist, abreißt, erbricht oder wegnimmt, soll mit Gefängnis bis zu sechs Monaten oder mit Geldstrafe bis zu fünfhundert Dinaren bestraft werden.

§ 112. Unter Staatsangestellten sind zu verstehen alle im Dienste der Staats- oder Gemeindebehörden stehende, aber nicht durch königliche Urkunde angestellte Personen und diejenigen Militärpersonen, die diesen Behörden zur Dienstleistung überwiesen sind.

14. Kapitel.

Verbrechen gegen den öffentlichen Frieden.

§ 113. Wenn sich eine Menschenmenge öffentlich zusammenrottet und mit vereinten Kräften gegen Personen oder Sachen Gewalttätigkeiten begeht, soll jeder Teilnehmer mit Gefängnis bestraft werden.

Diejenigen Teilnehmer, die nachweislich Gewalttätigkeiten gegen Personen begangen oder Sachen zerstört, verwüstet oder geplündert haben, sollen mit Zuchthaus bis zu zehn Jahren bestraft werden.

§ 114. Wer durch gemeingefährliche Drohung, insbesondere durch Drohung mit Tötung, Raub, Brand oder einem anderen gemeingefährlichen Verbrechen unter den Bewohnern Schrecken verursacht, soll mit Gefängnis bis zu einem Jahre bestraft werden.

§ 115. Mit Gefängnis oder mit Geldstrafe bis zu dreitausend Dinaren soll bestraft werden:

1. wer zur Begehung eines Verbrechens öffentlich auffordert oder aufreizt;

2. wer jemanden zur Begehung eines Verbrechens oder zur Teilnahme an demselben auffordert oder ihm ein solches Angebot macht, oder wer eine solche Aufforderung oder ein solches Angebot annimmt;

3. wer sich zur Begehung eines Verbrechens oder zur Teilnahme an demselben erbietet oder ein solches Erbieten annimmt.

§ 116. 1. Wer öffentlich Gott oder irgendeine Religion lästert oder die Einrichtungen oder Gebräuche des Gottesdienstes irgend einer Religionsgemeinschaft öffentlich lächerlich macht, soll mit Gefängnis bis zu einem Jahre bestraft werden.

2. Wer die Messe oder die Ausübung irgend welcher gottesdienstlicher Verrichtungen, die in Serbien zugelassen sind, verhindert oder stört oder die Bilder der Heiligen oder andere für den Gottesdienst bestimmte Gegenstände während der Zeit, solange diese Gegenstände nach ihrer Bestimmung im Gebranch sind, oder solange sie sich am Orte ihrer Bestimmung befinden, verunheiligt oder verhöhnt, soll mit Gefängnis bis zu zwei Jahren oder mit Geldstrafe bis zweitausend Dinaren bestraft werden.

15. Kapitel.

Verbrechen gegen die Rechtspflege.

§ 117. Wer wider besseres Wissen bei einer Behörde eine Anzeige macht, durch welche er jemand der Begehung einer Straftat oder der Verletzung einer Amtspflicht fälschlich beschuldigt, soll mit Gefängnis bis zu zwei Jahren bestraft werden, und das Gericht soll dem fälschlich Angeklagten auf seinen Antrag einen Schadensersatz zuerkennen.

In schwereren Fällen kann das Gericht auch auf den Verlust der bürgerlichen Ehrenrechte auf die Dauer von einem Jahre erkennen.

Das Gericht kann den fälschlich Anschuldigenden verurteilen, auf seine Kosten das gerichtliche Urteil öffentlich bekannt zu machen.

Eine rechtzeitig widerrufene falsche Anzeige soll bei der Strafzumessung als mildernd in Betracht gezogen werden.

Die Untersuchung wegen falscher Anschuldigung gegen den Anzeigenden kann nicht eher beginnen, als bis die Untersuchung über die Beschuldigung selbst abgeschlossen ist.

§ 118. Wer die gegen eine Person zulässige strafrechtliche Untersuchung vereitelt oder verhindert oder jemandem Beistand leistet, um denselben der Bestrafung wegen seiner Straftat zu entziehen, soll mit Gefängnis bestraft werden.

In schwereren Fällen kann das Gericht auch auf den Verlust der bürgerlichen Ehrenrechte erkennen.

Er soll nicht bestraft werden, wenn er mit dem Täter in gerader Linie oder in der Seitenlinie bis zum zweiten Grade blutsverwandt ist oder zu ihm im Verhältnis des Ehegatten steht.

§ 119. Wer Urkunden, Beweismittel oder Gegenstände, die zum Beweise von Rechtsverhältnissen von Erheblichkeit sind, rechtswidrig wegnimmt, vernichtet, beschädigt oder unterdrückt, um auf diese Weise irgendwie die Entscheidung des Gerichts zu beeinflussen, z. B. um die weitere Untersuchung abzuschneiden oder die Entscheidung zu verhindern, soll mit Zuchthaus bis zu fünf Jahren bestraft werden.

Mit derselben Strafe soll auch derjenige bestraft werden, der einen zum Beweise von Rechtsverhältnissen erheblichen Beweisgegenstand fälschlich anfertigt oder verändert und von demselben fälschlich angefertigten oder veränderten Beweisgegenstande in einer strafrechtlichen Untersuchung Gebrauch macht.

§ 120. Wenn der Zeuge, Sachverständige, Dolmetscher oder Geschworene eine unwahre Tatsache als Entschuldigung dafür vorschützt, daß er nicht erscheinen könne oder zwecks Erfüllung seiner Pflicht nicht früher erscheinen könnte, so soll er mit Gefängnis bis zu sechs Monaten oder mit Geldstrafe bis zu fünfhundert Dinaren bestraft werden.

§ 121. Wenn der Zeuge, Sachverständige, Dolmetscher oder Geschworene, obwohl sie erschienen sind, ihre Pflicht nicht erfüllen wollen, so sollen sie mit Gefängnis bis zu sechs Monaten oder mit Geldstrafe bis zu fünfhundert Dinaren bestraft werden.

Wenn er erst nach Beginn der wegen Nichterfüllung seiner Pflicht eingeleiteten strafrechtlichen Untersuchung seine Pflicht erfüllt, so soll das Gericht ihm dies als strafmildernden Umstand zubilligen.

§ 122. Wer einen ihm in einem Zivilprozesse zugeschobenen, zurückgeschobenen oder vom Gericht oder einer anderen zuständigen

Behörde auferlegten Eid falsch schwört, soll mit Zuchthaus bis zu zehn Jahren bestraft werden.

§ 123. Der Schuldner, der sein in einem auf das Vermögen sich beziehenden Offenbarungseide gegebenes Versprechen (§ 302 des Gesetzes über das Gerichtsverfahren in Zivilsachen) nicht hält, soll mit Gefängnis bis zu zwei Jahren oder mit Geldstrafe bis zu zweitausend Dinaren bestraft werden.

§ 124. Wer in einem Zivilprozesse als Zeuge, Sachverständiger oder Dolmetscher einen Eid falsch schwört, soll mit Zuchthaus bis zu fünf Jahren bestraft werden.

Wenn eine von diesen Personen dies in einer strafrechtlichen Untersuchung getan hat, soll sie mit Zuchthaus bis zu fünfzehn Jahren bestraft werden.

§ 125. Mit den in den vorhergehenden Vorschriften bestimmten Strafen sollen alle diejenigen falsch aussagenden Personen bestraft werden, die von dem Gebrauche des Eides gesetzlich befreit sind, oder die sich auf einen bereits früher geleisteten Eid berufen.

§ 126. Ein Zeuge, Sachverständiger oder Dolmetscher, die einen Eid nicht geleistet, aber ein falsches Zeugnis, ein falsches Gutachten oder eine falsche Übersetzung abgegeben haben, sollen mit Gefängnis bestraft werden.

§ 127. Wenn eine Prozeßpartei (im Sinne des § 122) ihre falsche Aussage, ein Zeuge sein falsches Zeugnis, ein Sachverständiger sein falsches Urteil oder Gutachten oder ein Dolmetscher seine falsche Übersetzung nach Leistung des Eides widerruft, bevor aber die gerichtliche Entscheidung über die bezügliche Angelegenheit gefallen ist, so sollen sie mit Gefängnis bis zu einem Jahre oder mit Geldstrafe bis zu tausend Dinaren bestraft werden.

§ 128. Wer einen Zeugen zur Ablegung eines falschen Zeugnisses, einen Sachverständigen zur Abgabe eines falschen Urteils oder Gutachtens oder einen Dolmetscher zur Anfertigung einer falschen Übersetzung zu verleiten versucht, soll mit Gefängnis bestraft werden.

Die Höhe der Strafe soll sich nach der Absicht des Anstifters richten, daß diese Personen ihre Aussagen eidlich bekräftigen.

§ 129. In den Fällen der §§ 127 und 128 kann das Gericht auch auf Verlust der bürgerlichen Ehrenrechte erkennen.

§ 130. Der Zeuge, der trotz Kenntnis etwas geleugnet oder verschwiegen hat, soll nicht bestraft werden:

1. Wenn die Straftat eine solche ist, daß er gesetzlich nicht als Zeuge berufen werden konnte, oder wenn die Angabe der Wahrheit gegen Personen, die mit dem Zeugen in gerader Linie oder in der Seitenlinie bis zum 2. Grade verwandt sind, oder gegen den Ehegatten oder gegen den Zeugen selbst eine strafrechtliche Untersuchung nach sich ziehen konnte;

2. wenn der Eid geleistet worden ist wider die Bestimmungen des Urteils oder vor einem unzuständigen Gericht, oder wenn er gesetzlich unzulässig war.

16. Kapitel.

Verbrechen gegen Leib und Leben.

§ 131. Wer einen Menschen tötet, soll mit Zuchthaus von zehn bis zwanzig Jahren bestraft werden.

Wenn die Tötung auf grausame Weise, durch Gift oder auf eine das Leben vieler Menschen gefährdende Weise ausgeführt ist, oder wenn die Tötung aus Eigennutz oder zum Zwecke des Unternehmens und Verheimlichens einer anderen mit Zuchthaus bedrohten Straftat begangen ist, soll der Täter mit dem Tode oder mit lebenslänglichem Zuchthaus bestraft werden.

§ 132. Wer die Tötung in gereiztem Zustande, in den er durch einen Angriff oder durch schwere ihm selbst oder seinen Angehörigen in gerader Linie, seiner Ehefrau oder seinen Geschwistern zugefügte Beleidigungen seitens des Getöteten versetzt war, begeht, soll mit Zuchthaus bis zu zehn Jahren bestraft werden.

§ 133. Wer einen Menschen auf dessen Verlangen oder Bitten tötet, soll mit Zuchthaus bis zu fünf Jahren bestraft werden.

Ist die Tötung aus Mitleid mit dem elenden Zustande des Getöteten begangen, so soll der Täter mit Gefängnis bestraft werden

§ 134. Wer einen anderen zum Selbstmorde bestimmt oder ihm zur Begehung des Selbstmordes Hilfe leistet, soll bei vollendetem Selbstmorde mit Zuchthaus bis zu fünf Jahren, bei versuchtem Selbstmorde mit Gefängnis bis zu fünf Jahren bestraft werden.

§ 135. Eine Mutter, welche ihr Kind in oder gleich nach der Geburt aus Besorgnis vor dem Bekanntwerden der Geburt tötet, soll mit Zuchthaus bis zu fünf Jahren bestraft werden.

Der Versuch ist nicht strafbar, wenn keine für das Leben und die Gesundheit des Kindes schädlichen Folgen entstehen.

§ 136. Eine Schwangere, welche ihre Frucht vernichtet, soll mit Zuchthaus bis zu drei Jahren bestraft werden.

§ 137. Wer einer Schwangeren auf ihren Wunsch Abtreibungsmittel gibt oder ihr zu der Abtreibung Beihilfe leistet, soll mit Zuchthaus bis zu fünf Jahren bestraft werden.

Wenn dies ein Arzt, ein Apotheker oder eine Hebamme tun, oder wenn der Täter ein Entgelt dafür erhält, sollen jene mit Zuchthaus bis zu zehn Jahren bestraft werden.

§ 138. Wer einer Schwangeren ohne deren Wissen und Willen Abtreibungsmittel gibt, soll mit Zuchthaus bis zu zehn Jahren bestraft werden.

Ist durch den Gebrauch des Abtreibungsmittels der Tod der Frau verursacht worden, und hat der Täter eine solche Folge voraussehen können, so soll er mit Zuchthaus bis zu fünfzehn Jahren bestraft werden.

§ 139. Mit Zuchthaus bis zu fünf Jahren wird bestraft:

a) wer eine hilflose Person in eine das Leben und die Gesundheit gefährdende Lage bringt oder sie in einer solchen Lage hilflos verläßt; und

b) wer eine hilflose Person, für welche zu sorgen er verpflichtet ist, in einer Gefahr für das Leben und die Gesundheit hilflos verläßt.

Ist durch diese Handlung eine schwere Körperverletzung oder der Tod der hilflos verlassenen Person verursacht worden, und hat der Täter eine solche Folge voraussehen können, so soll dieser im Falle einer schweren Körperverletzung mit Zuchthaus bis zu zehn Jahren, im Falle des Todes mit Zuchthaus bis zu fünfzehn Jahren bestraft werden.

§ 140. Wer fahrlässig den Tod eines Menschen verursacht, soll mit Gefängnis bestraft werden.

War der Täter wegen seines Berufes oder Gewerbes zur Aufmerksamkeit bei seiner Tätigkeit verpflichtet, so soll er im Falle der fahrlässigen Tötung mit Gefängnis von mindestens drei Monaten bestraft werden.

Im Falle des Rückfalls in die im 2. Absatze dieser Vorschrift enthaltene Straftat soll neben der Gefängnisstrafe dem Täter die Ausübung seiner Beschäftigung auf die Zeit von ein bis fünf Jahren verboten werden; auch soll das Urteil in den Amtsblättern veröffentlicht werden.

§ 141. Mit Zuchthaus bis zu zehn Jahren soll bestraft werden:

a) wer jemanden körperlich verletzt und diesen dadurch dauernd arbeitsunfähig oder geisteskrank macht;

b) wer einem anderen eine Körperverletzung zufügt, durch die eine Lebensgefahr entstanden ist;

c) wer jemanden im Gesicht verletzt und dadurch bleibend entstellt;

d) wer jemandem eine Körperverletzung zufügt, durch welche ein wichtiges Glied des Körpers verunstaltet wird, oder welche jenen dauernd berufsunfähig macht.

Wenn der Verletzte infolge der ihm zugefügten Verletzungen stirbt, und der Täter eine solche Folge hätte voraussehen können, soll er mit Zuchthaus bis zu fünfzehn Jahren bestraft werden.

§ 142. Wer jemandem eine Körperverletzung zufügt, durch welche der Verletzte schwere Verletzungen, aber ohne die in vorhergehender Vorschrift angeführten Folgen erleidet, oder durch welche ein Teil seines Körpers dauernd geschwächt wird, soll mit Zuchthaus bis zu fünf Jahren bestraft werden.

Wenn eine in der vorhergehenden Vorschrift angeführte Folge eintritt, die der Täter zwar nicht beabsichtigt hat, die er aber hätte voraussehen können, so soll der Täter mit Zuchthaus bis zu fünf Jahren bestraft werden.

Wenn der Verletzte infolge der ihm zugefügten Verletzungen stirbt, und der Täter diese Folge hätte voraussehen können, so soll dieser mit Zuchthaus bis zu zehn Jahren bestraft werden.

§ 143. Wer jemandem eine Körperverletzung zufügt oder ihn an der Gesundheit beschädigt, soll mit Gefängnis bis zu zwei Jahren oder mit Geldstrafe bis zu zweitausend Dinaren bestraft werden.

§ 144. Die mittels eines Messers oder irgend einer tötlichen Waffe oder eines solchen Werkzeuges verursachte Verletzung soll nach den Bestimmungen des § 142 dieses Gesetzes mit Zuchthaus bis zu fünf Jahren bestraft werden, selbst wenn die Folgen leichter als die in jenen Bestimmungen angeführten sind.

§ 145. Wer an einer Schlägerei teilnimmt, soll unter Berücksichtigung der Schwere und der Folgen der Verletzung nach den vorhergehenden Bestimmungen über die Körperverletzung bestraft werden.

§ 146. Wer minderjährige Personen oder Frauenspersonen ohne Rücksicht auf ihr Lebensalter, die in seinem Dienste oder unter seiner Fürsorge und Überwachung stehen, körperlich oder geistig überanstrengt, so daß für deren Gesundheit schädliche Wirkungen entstehen, soll, wenn er dies aus Eigennutz oder Bosheit getan hat, mit Gefängnis bis zu zwei Jahren oder mit Geldstrafe bis zu zweitausend Dinaren bestraft werden.

Wenn die Gesundheit der betreffenden Person völlig zerstört ist, und der Täter dies hätte voraussehen können, soll er mit Zuchthaus bis zu fünf Jahren bestraft werden.

§ 147. Wer fahrlässig jemandem eine Körperverletzung zufügt oder ihn an der Gesundheit beschädigt, soll mit Geldstrafe bis zu fünfhundert Dinaren oder mit Gefängnis bis zu sechs Monaten bestraft werden.

Im Falle einer aus Fahrlässigkeit begangenen schweren Körperverletzung soll der Täter mit Gefängnis bis zu zwei Jahren bestraft werden, und wenn er pflicht- oder berufsmäßig eine besondere Aufmerksamkeit hätte im Auge haben sollen, mit Zuchthaus bis zu fünf Jahren bestraft werden.

§ 148. Die mit nicht mehr als zwei Jahren Gefängnis bedrohten Körperverletzungen sollen nur auf Antrag untersucht und bestraft werden.

17. Kapitel.

Verbrechen gegen die allgemeine Sicherheit der Menschen und des Vermögens.

§ 149. Wer einen Brand verursacht, soll bestraft werden:

1., mit Zuchthaus bis zu zwanzig Jahren:

wenn der Täter wissentlich Gefahr für das Leben eines Menschen oder große Gefahr für fremdes Eigentum dadurch verursacht hat;

wenn ein Mensch dadurch sein Leben eingebüßt hat oder schwer verletzt worden ist, und der Täter dies hätte voraussehen können;

2., mit dem Tode, mit lebenslänglichem Zuchthause oder mit Zuchthaus von mindestens zehn Jahren:

wenn der Täter wissentlich Gefahr für das Leben mehrerer Menschen dadurch verursacht hat;

wenn mehrere Menschen dadurch ihr Leben eingebüßt haben oder schwer verletzt worden sind, und der Täter dies hätte voraussehen können.

§ 150. Wer fahrlässig einen Brand verursacht und dadurch Gefahr für das Leben eines Menschen oder große Gefahr für fremdes Eigentum verursacht, soll mit Gefängnis oder mit Geldstrafe bis zu dreitausend Dinaren bestraft werden.

Wenn ein Mensch dadurch sein Leben eingebüßt hat, soll der Täter mit Gefängnis von mindestens sechs Monaten bestraft werden.

§ 151. Wer von Sprengstoffen Gebrauch macht und dadurch Gefahr für das Leben eines Menschen oder große Gefahr für fremdes Eigentum verursacht, soll mit Zuchthaus von mindestens fünf Jahren bestraft werden.

Wenn der Täter dadurch wissentlich Gefahr für das Leben mehrerer Menschen verursacht hat, soll er mit Zuchthaus von mindestens zehn Jahren oder mit lebenslänglichem Zuchthaus bestraft werden.

§ 152. Wer Sprengstoffe herstellt oder für deren Anfertigung Weisungen gibt, obgleich er weiß oder annehmen muß, daß diese Sprengstoffe zum Gebrauche bei Begehung eines in dem § 151 dieses Gesetzes vorgesehenen Verbrechens bestimmt sind, soll mit Zuchthaus von mindestens fünf Jahren bestraft werden.

§ 153. Wer in irgend einer anderen Absicht als zu dem Zwecke, die Begehung eines Verbrechens zu verhindern, Sprengstoffe annimmt, verwahrt, an jemanden überläßt oder an einen anderen Ort befördert, obwohl er weiß oder annehmen muß, daß diese Sprengstoffe zum Gebrauche bei Begehung eines in dem § 151 dieses Gesetzes vorgesehenen Verbrechens bestimmt sind, soll mit Gefängnis von mindestens sechs Monaten oder mit Zuchthaus bis zu fünf Jahren bestraft werden.

§ 154. Wer von Sprengstoffen Gebrauch macht und damit fahrlässig Gefahr für das Leben eines Menschen oder große Gefahr für fremdes Eigentum verursacht, soll mit Gefängnis von mindestens einem Monate bestraft werden.

Wenn der Täter dadurch fahrlässig das Leben mehrerer Menschen in Gefahr gebracht hat, so soll er mit Zuchthaus bis zu fünf Jahren bestraft werden.

§ 155. Wer bewirkt, daß durch elektrische Kraft oder durch Dampfkraft Gefahr für das Leben oder die Gesundheit von Menschen oder große Gefahr für fremdes Eigentum verursacht wird, soll mit Gefängnis bestraft werden.

Wenn dadurch ein Mensch sein Leben eingebüßt hat, und der Täter dies hätte voraussehen können, so soll er mit Zuchthaus von mindestens fünf Jahren bestraft werden.

§ 156. Wer fahrlässig bewirkt, daß durch elektrische Kraft oder durch Dampfkraft Gefahr für das Leben von Menschen oder große Gefahr für fremdes Eigentum verursacht wird, soll mit Gefängnis bis zu einem Jahre, und wenn dadurch ein Mensch sein Leben eingebüßt hat, mit Gefängnis bestraft werden.

Diese Strafen sollen auch auf diejenigen Personen Anwendung finden, die mit Dampfmaschinen oder mit elektrischen Maschinen zu arbeiten oder solche Vorrichtungen zu überwachen verpflichtet sind, oder die für die Sicherheit der Bürger gegen die Entfesselung dieser Naturkräfte zu sorgen haben, wenn sie ihre Pflicht vernachlässigt haben und dadurch Gefahr für das Leben oder die Gesundheit von Menschen oder große Gefahr für Gegenstände entstanden ist oder ein Mensch sein Leben eingebüßt hat.

Für die daraus hervorgehende Schadensersatzpflicht sind mit dem Täter auch der Arbeitgeber oder die Gesellschaft solidarisch haftbar.

§ 157. Wer dadurch, daß er eine Überschwemmung verursacht, große Gefahr für fremdes Eigentum oder Gefahr für das Leben oder die Gesundheit von Menschen herbeiführt, soll mit Zuchthaus bestraft werden.

Wenn durch die Überschwemmung ein Mensch sein Leben eingebüßt hat, und der Täter dies hätte voraussehen können, soll er mit Zuchthaus von mindestens fünf Jahren bestraft werden.

Wenn durch die Überschwemmung mehrere Menschen ihr Leben eingebüßt haben, und der Täter dies hätte voraussehen können, soll er mit dem Tode, mit lebenslänglichem Zuchthaus oder mit Zuchthaus von mindestens zehn Jahren bestraft werden.

Wer fahrlässig eine solche Überschwemmung verursacht, soll mit Gefängnis, und wenn durch eine solche Überschwemmung ein Mensch sein Leben eingebüßt hat, mit Gefängnis von mindestens sechs Monaten bestraft werden.

§ 158. Wer Wasserleitungen, Schleusen, Deiche, Dämme oder sonst die zum Schutze gegen elementare Ereignisse errichteten Bauten zerstört oder unbrauchbar macht und dadurch Gefahr für das Leben oder die Gesundheit von Menschen oder große Gefahr für fremdes Eigentum verursacht, soll mit Zuchthaus bestraft werden.

Wenn dadurch ein Mensch sein Leben eingebüßt hat, und der Täter dies hätte voraussehen können, soll er mit Zuchthaus von mindestens fünf Jahren bestraft werden.

Wer durch vorstehende Handlungen fahrlässig Gefahr für das Leben oder die Gesundheit von Menschen oder große Gefahr für fremdes Eigentum verursacht, soll mit Gefängnis bis zu sechs Monaten, und wenn dadurch ein Mensch sein Leben eingebüßt hat, mit Gefängnis bestraft werden.

18. Kapitel.

Verbrechen gegen die Sicherheit des öffentlichen Verkehrs für Menschen, Waren und Nachrichten.

§ 159. 1. Wer die Sicherheit des öffentlichen Verkehrs, besonders auf Straßen, Wegen oder Plätzen so stört, daß dadurch eine Gefahr für das Leben oder die Gesundheit von Menschen verursacht wird, soll mit Gefängnis bestraft werden.

Wer dies aus Fahrlässigkeit getan hat, soll mit Gefängnis oder mit Geldstrafe bis zu dreitausend Dinaren bestraft werden.

2. Wenn der Täter dadurch wissentlich das Leben oder die Gesundheit mehrerer Menschen in Gefahr gebracht hat, oder wenn dadurch mehrere Menschen schwer verletzt oder getötet worden sind, und der Täter das hätte voraussehen können, so soll er mit Zuchthaus bestraft werden.

Wenn dies fahrlässig geschehen ist, soll der Täter mit Gefängnis von mindestens drei Monaten bestraft werden.

§ 160. 1. Wer eine Gefahr für die Sicherheit des Eisenbahn- oder Dampfschiffverkehrs verursacht, soll mit Zuchthaus bestraft werden.

Wer dies fahrlässig getan hat, soll mit Gefängnis oder mit Geldstrafe bis zu fünftausend Dinaren bestraft werden.

2. Wenn der Täter wissentlich dadurch eine Gefahr für das Leben mehrerer Menschen verursacht hat oder, wenn dadurch mehrere Menschen schwer verletzt oder getötet worden sind, und der Täter dies hätte voraussehen können, soll er mit dem Tode, mit lebenslänglichem Zuchthause oder mit Zuchthaus von mindestens fünf Jahren bestraft werden

Wer dies fahrlässig getan hat, soll mit Gefängnis von mindestens drei Monaten bestraft werden.

§ 161. Eisenbahnangestellte, denen die Aufsicht über die Eisenbahnstrecken oder über den Eisenbahnzug selbst anvertraut ist, sowie Schiffahrtsangestellte, denen die Leitung der Dampfschiffahrten anvertraut ist, sollen mit Zuchthaus bis zu fünf Jahren bestraft werden, wenn durch ihre Nachlässigkeit der Zug oder das Schiff gefährdet worden ist; wenn dabei ein Mensch sein Leben eigebüßt hat, sollen sie mit Zuchthaus bis zu zehn Jahren bestraft werden.

§ 162. Wer den öffentlichen Telegraphen- oder Fernsprechverkehr verhindert oder gefährdet, soll mit Gefängnis bestraft werden.

Wer dies aus Fahrlässigkeit tut, soll mit Gefängnis bis zu sechs Monaten oder mit Geldstrafe bis zu zweitausend Dinaren bestraft werden.

§ 163. Wenn Telegraphen- oder Fernsprechangestellte, deren Pflicht es ist, die Sicherheit dieser Anlagen zu beaufsichtigen oder zu kontrollieren, durch Vernachlässigung ihrer Pflichten es verursacht haben, daß der öffentliche Telegraphen- oder Fernsprechverkehr verhindert oder gefährdet wird, sollen sie mit Gefängnis bis zu einem Jahre bestraft werden.

§ 164. Die wegen einer der im § 160 Nr. 1 erster Absatz und Nr. 2 erster Absatz bezeichneten Handlungen verurteilten Eisenbahn- und Schiffahrtsangestellten, sowie die wegen einer der im § 162 erster Absatz und im § 163 dieses Gesetzes bezeichneten Handlungen verurteilten Telegraphen- und Fernsprechangestellten können neben der Hauptstrafe durch gerichtliches Urteil für unfähig zu ihrem Berufe erklärt werden.

§ 165. Die Vorsteher der Eisenbahnen, der Telegraphen- und Fernsprechanstalten und der unter staatlicher Aufsicht stehenden Schiffahrtsgesellschaften, welche nicht sofort nach Mitteilung des rechtskräftigen gerichtlichen Urteils das Erforderliche veranlassen, daß die gerichtlich für unfähig zu ihrem Berufe erklärten Angestellten sofort aus diesem Dienste entfernt werden, sollen mit Geldstrafe bis zu tausend Dinaren oder mit Gefängnis bis zu drei Monaten bestraft werden.

Mit derselben Strafe soll auch derjenige bestraft werden, der, obgleich er durch Urteil für unfähig zu einem solchen Berufe erklärt worden ist, einen solchen Dienst wiederum angenommen hat, sowie diejenigen Vorsteher, die eine solche Person wieder anstellen, obgleich sie wissen, daß jene gerichtlich für unfähig dazu erklärt worden sind.

19. Kapitel.

Verbrechen gegen die allgemeine Gesundheit.

§ 166. Wer eine gemeingefährliche ansteckende Krankheit unter den Menschen verbreitet, soll mit Zuchthaus bis zu zwei Jahren bestraft werden.

Wenn infolge dieser Handlung eine Person gestorben ist, schwer verletzt worden ist oder an ihrer Gesundheit schweren Schaden erlitten hat, soll der Täter mit Zuchthaus bis zu zehn Jahren bestraft werden.

Wer dies aus Fahrlässigkeit getan hat, soll mit Gefängnis bestraft werden.

§ 167. Wer eine ansteckende Krankheit unter Haustieren, Feldfrüchten, Obst und Waldungen verbreitet, soll mit Gefängnis bestraft werden.

Wer dies aus Fahrlässigkeit tut, soll mit Geldstrafe bis zu fünfhundert Dinaren oder mit Gefängnis bis zu sechs Monaten bestraft werden.

§ 168. Wer wissend, daß er geschlechtskrank ist, den Geschlechtsverkehr ausübt und dadurch einen anderen ansteckt oder ihn auch nur der Gefahr der Ansteckung aussetzt, soll mit Gefängnis oder mit Geldstrafe bis zu fünfhundert Dinaren bestraft werden.

Unter Ehegatten soll die geschlechtskranke Person nur auf Antrag des anderen Ehegatten bestraft werden.

§ 169. Wer Wasser und andere Lebensmittel, die zum Gebrauche von Menschen dienen, vergiftet, oder wer diesen Lebensmitteln gesundheitsschädliche Stoffe beimischt, soll mit Zuchthaus bis zu zwei Jahren bestraft werden.

Wer durch diese Handlung das Leben oder die Gesundheit mehrerer Menschen in Gefahr bringt, soll mit Zuchthaus bis zu fünf Jahren bestraft werden.

Wenn dadurch eine Person stirbt oder an ihrer Gesundheit schweren Schaden erleidet, soll der Täter mit Zuchthaus bis zu zehn Jahren bestraft werden.

Wer dies aus Fahrlässigkeit getan hat, soll mit Gefängnis oder mit Geldstrafe bis zu dreitausend Dinaren bestraft werden.

§ 170. Wer das Wasser oder andere der Ernährung der Haustiere oder des übrigen Viehes dienende Lebensmittel vergiftet, oder wer diesen Lebensmitteln schädliche Stoffe beimischt, soll mit Gefängnis bestraft werden.

Wenn dadurch ein Tier eingegangen ist, soll der Täter mit Gefängnis von mindestens drei Monaten bestraft werden.

Wer dies aus Fahrlässigkeit tut, soll mit Geldstrafe bis zu fünfhundert Dinaren oder mit Gefängnis bis zu sechs Monaten bestraft werden.

§ 171. Mit Gefängnis bis zu fünf Jahren und zugleich mit Geldstrafe bis zu zehntausend Dinaren soll bestraft werden:

1. wer Lebensmittel und andere der Ernährung von Menschen dienende Gebrauchsgegenstände vorsätzlich so zubereitet, daß deren Gebrauch für die menschliche Gesundheit schädlich und gefährlich ist;

2. wer Lebensmittel und andere der Ernährung von Menschen dienende Gebrauchsgegenstände, deren Gebrauch für die menschliche Gesundheit schädlich oder gefährlich ist, vorsätzlich vorrätig hält, verkauft oder in öffentlichen Verkehr bringt.

Wenn dadurch mehrere Menschen erkranken oder an ihrer Gesundheit Schaden erleiden, soll der Täter mit Zuchthaus bis zu fünf Jahren bestraft werden.

Wenn jemand infolge des Gebrauches solcher schädlichen Lebensmittel stirbt, soll der Täter mit Zuchthaus bis zu zehn Jahren bestraft werden.

Das wegen einer solchen Tat ergangene Urteil soll in den Amtsblättern veröffentlicht werden.

§ 172. Wer Lebensmittel und andere der Ernährung von Menschen dienende Gebrauchsgegenstände aus Fahrlässigkeit so zubereitet, daß deren Gebrauch die Gesundheit der Menschen schädigt, oder aus Fahrlässigkeit solche Gebrauchsgegenstände kauft, verkauft oder in öffentlichen Verkehr bringt, soll mit Gefängnis bis zu einem Jahre oder mit Geldstrafe bis zu tausend Dinaren bestraft werden.

§ 173. Wer den von den zuständigen Behörden zur Verhütung und Bekämpfung ansteckender Krankheiten erlassenen Vorschriften nicht Folge leistet, soll, wenn dadurch eine Gefahr für die Gesundheit von Menschen oder Vieh entsteht, mit Gefängnis bestraft werden.

Wenn dadurch ein Mensch stirbt, soll der Täter mit Zuchthaus bis zu fünf Jahren bestraft werden.

§ 174. Wer Arzneien, von denen er weiß, daß sie die ihnen zugeschriebenen Eigenschaften nicht besitzen, zubereitet oder verkauft, soll mit Gefängnis bestraft werden.

Wenn dadurch schädliche Folgen für die Gesundheit desjenigen, der solche Arzneien gebraucht hat, entstehen, soll der Täter mit Zuchthaus bis zu drei Jahren bestraft werden.

Wenn durch den Gebrauch solcher Arzneien eine Person stirbt, soll der Täter mit Zuchthaus bis zu zehn Jahren bestraft werden.

Wer dies aus Fahrlässigkeit tut, soll nach der Vorschrift des § 147 bestraft werden.

§ 175. Apotheker und Ärzte, die zur Zubereitung von Arzneien ermächtigt, bei der Zubereitung absichtlich eine falsche Arznei verwenden oder diese nicht in vorgeschriebenem Maße oder in vorgeschriebener Menge zubereiten, sollen, wenn dadurch schädliche Folgen für die Gesundheit des Kranken entstehen, mit Zuchthaus bis zu fünf Jahren bestraft werden.

Wenn durch den Gebrauch einer so zubereiteten Arznei der Kranke stirbt, soll der Täter mit Zuchthaus bis zu zehn Jahren bestraft werden.

Wer dies aus Fahrlässigkeit tut, soll nach der Vorschrift des § 147 bestraft werden.

§ 176. Wer sich widerrechtlich als Arzt ausgibt und ohne Fachkenntnisse Menschen behandelt, soll mit Gefängnis oder mit Geldstrafe bis zu zweitausend Dinaren bestraft werden.

Wenn durch eine solche Behandlung schädliche Folgen für die Gesundheit der betreffenden Person entstehen oder eine in solche Behandlung genommene Person stirbt, soll der Täter mit Zuchthaus bis zu zehn Jahren bestraft werden.

§ 177. Der approbierte Arzt, der durch fahrlässige Behandlung die Gesundheit des von ihm in Behandlung genommenen Kranken schädigt, soll mit Gefängnis oder mit Geldstrafe bis zu fünftausend Dinaren bestraft werden.

Wenn der Kranke durch die fahrlässige Behandlung stirbt, soll der Arzt mit Zuchthaus bis zu fünf Jahren bestraft werden.

Der Arzt, der ohne Erlaubnis des Kranken sich eines bisher nicht versuchten Heilverfahrens bedient oder eine bisher nicht versuchte chirurgische Operation ausgeführt hat, soll, wenn dadurch der Kranke stirbt, mit Zuchthaus bis zu fünf Jahren bestraft werden;

zugleich soll ihm die Ausübung seines Berufes auf die Dauer von ein bis fünf Jahren verboten werden.

20. Kapitel.

Verbrechen wegen Fälschung von Urkunden und Maſsen.

§ 178. Unter Urkunde im Sinne dieses Gesetzes ist jeder Gegenstand zu verstehen, der geeignet oder dazu bestimmt ist, eine Tatsache von rechtlicher Bedeutung zu beweisen.

§ 179. Die Vorschriften dieses Gesetzes über Urkundenfälschung finden auch in folgenden Fällen Anwendung:

1. wenn jemand ein Papier, ein Blankopapier oder einen anderen Gegenstand, worauf eine Person vorher ihre Unterschrift gesetzt hat, später unbefugt mit einer Erklärung von rechtlicher Bedeutung ausfüllt;

2. wenn jemand selbst auf eine Urkunde, über ihren Inhalt getäuscht, seine Unterschrift setzt, weil er glaubt, daß er eine andere Urkunde oder einen anderen Inhalt unterschreibe als den, den er unterschrieben hat;

3. wenn die Urkunde im Namen einer nicht vorhandenen Person ausgegeben*) wird;

4. wenn derjenige, der eine Urkunde ausgibt*), neben seiner Unterschrift widerrechtlich eine einen wesentlichen Einfluß auf die Beweiskraft der Urkunde ausübende Stellung oder einen solchen Rang geschrieben hat;

5. wenn die Urkunde auf eine solche Weise hergestellt ist, daß richtige Stempel, Stempelabdrücke oder Zeichen unbefugt gebraucht werden.

§ 180. Mit Gefängnis oder mit Zuchthaus bis zu fünf Jahren oder mit Geldstrafe bis zu zehntausend Dinaren soll bestraft werden:

1. wer in rechtswidriger Absicht eine inländische oder ausländische Urkunde fälschlich anfertigt oder die echte Urkunde verfälscht;

2. wer von einer Urkunde, von der er weiß, daß sie falsch oder verfälscht ist, als einer echten Gebrauch macht.

Wer eine falsche Urkunde angefertigt oder eine echte verfälscht oder von einer solchen Urkunde in der Absicht, sich für seinen begründeten Anspruch einen Beweis zu verschaffen oder einen unbegründeten Anspruch abzuwehren, Gebrauch gemacht hat, soll mit Geldstrafe bis zu tausend Dinaren oder mit Gefängnis bis zu einem Jahr bestraft werden.

§ 181. Wer eine Urkunde fälschlich anfertigt in Form von auf Grund einer gesetzlichen Bestimmung ausgegebenen Inhaberpapieren,

---

*) „Ausgeben“ bedeutet das Anfertigen und In-Verkehr-bringen der Urkunde.

Aktien oder vorläufigen die Aktien vertretenden Urkunden oder Quittungen nebst ihren Nebenpapieren (Kupons oder Talons), Schuldscheinen, Pfandurkunden des Staates, der Kommune, einer Korporation, einer Gesellschaft oder einer Privatperson, soll mit Zuchthaus bis zu zehn Jahren bestraft werden; auch kann er daneben zu Geldstrafe bis zu zehntausend Dinaren bestraft werden.

Wer von einer solchen Urkunde Gebrauch macht, soll mit derselben Strafe bestraft werden.

§ 182. Wer die im § 181 bezeichneten Papiere in der Absicht, sie als echte zu gebrauchen, sammelt, soll mit Gefängnis bis zu fünf Jahren bestraft werden.

§ 183. Wenn die falsche Urkunde angefertigt wird in der Form:

1. einer inländischen oder ausländischen, öffentlichen, nach gesetzlichen Vorschriften ausgegebenen Urkunde,

2. von amtlichen Büchern, amtlich geführten Eingangsbüchern, Registern und Verzeichnissen,

3. von Testamenten oder anderen Bestimmungen über den letzten Willen,

4. eines gesetzlich gültigen Wechsels,

so soll der Täter mit Zuchthaus bis zu zehn Jahren bestraft werden. Neben dieser Strafe kann das Gericht den Täter zu einer Geldstrafe bis zu zehntausend Dinaren verurteilen.

Mit derselben Strafe soll auch derjenige bestraft werden, der die eine gewisse Beweiskraft in sich schließenden Handelsbücher falsch geführt oder verfälscht hat.

§ 184. Mit Zuchthaus bis zu fünf Jahren soll bestraft werden, woneben auch auf Geldstrafe bis zu zehntausend Dinaren erkannt werden kann:

1. wer eine Urkunde fälschlich anfertigt oder eine echte verfälscht in der Absicht, sich einer solchen Urkunde als Mittel zur Begehung einer gesetzlich mit Gefängnis von zwei Jahren oder mit einer schwereren Strafe bedrohten Straftat zu bedienen,

2. wer von einer solchen Urkunde, wissend, daß sie falsch ist, zu dem oben angeführten Zwecke Gebrauch macht.

Wenn eine solche Urkunde eine der in den §§ 181 und 183 dieses Gesetzes angeführten Urkunden ist, soll der Täter mit Zuchthaus bis zu zehn Jahren bestraft werden; auch kann neben dieser Strafe auf Geldstrafe bis zu zehntausend Dinaren erkannt werden.

§ 185. 1. Wer vorsätzlich bewirkt, daß in inländischen oder ausländischen öffentlichen Urkunden, Registern oder Büchern eine Tatsache, die durch diese Beurkundung bewiesen werden soll, unrichtig beurkundet wird, soll mit Zuchthaus bis zu fünf Jahren bestraft werden.

Mit derselben Strafe soll auch derjenige bestraft werden, der von einer solchen Urkunde in rechtswidriger Absicht Gebrauch macht, wenn er weiß, daß die durch die Urkunde bestätigte Tatsache falsch ist.

2. In dem im letzten Absatze des § 180 dieses Gesetzes vorliegenden Falle soll der Täter mit Geldstrafe bis zu tausend Dinaren oder mit Gefängnis bis zu einem Jahre bestraft werden.

§ 186. Mit Gefängnis bis zu einem Jahre oder mit Geldstrafe bis zu tausend Dinaren soll bestraft werden:

1. wer in rechtswidriger Absicht ein ärztliches Zeugnis über den Gesundheitszustand oder über die Todesursache einer Person oder überhaupt über eine Tatsache, über die ein Arzt berufsmäßig zu befinden hat, fälschlich anfertigt, oder wer ein echtes ärztliches Zeugnis verfälscht;

2. wer unter den oben angeführten Umständen ein Zeugnis eines Tierarztes fälschlich anfertigt oder ein echtes verfälscht.

§ 187. Der Arzt oder der Tierarzt, der wissentlich jemandem ein im § 186 dieses Gesetzes bezeichnetes unwahres Zeugnis zum Zwecke eines beabsichtigten rechtswidrigen Gebrauches ausstellt, soll mit Gefängnis bis zu zwei Jahren bestraft werden.

Wenn dem Aussteller eines solchen Zeugnisses irgend eine Belohnung versprochen oder gegeben worden ist, soll jener mit Zuchthaus bis zu fünf Jahren bestraft werden; auch kann er zugleich mit Geldstrafe bis zu fünftausend Dinaren bestraft werden.

§ 188. Wer in rechtswidriger Absicht wissentlich von einem in den §§ 186 und 187 bezeichneten Zeugnisse als einem wahren Gebrauch macht, soll mit Gefängnis bis zu einem Jahre oder mit Geldstrafe bis zu tausend Dinaren bestraft werden.

§ 189. Mit Geldstrafe bis zu tausend Dinaren oder mit Gefängnis bis zu sechs Monaten soll bestraft werden:

1. wer in rechtswidriger Absicht einen Paß fälschlich anfertigt oder einen echten Paß verfälscht, oder wer bewirkt, daß ihm ein auf falschen Namen lautender Paß ausgeliefert wird; oder

2. wer in der Absicht, eine Behörde oder eine Privatperson zum Zwecke seines besseren Fortkommens oder des besseren Fortkommens eines anderen zu täuschen, Dienst- oder Arbeitsbücher oder sonstige Zeugnisse, Militärabschiede, Führungs- oder Fähigkeitszeugnisse und Urkunden ähnlicher Art fälschlich anfertigt oder verfälscht; oder

3. wer in rechtswidriger Absicht Fahrkarten für Eisenbahnen, Schiffe oder andere Verkehrsmittel, Eintrittskarten für öffentliche Versammlungsorte wie Theater, Konzerte und dergleichen oder einen ähnlichen Gegenstand, dem man trotz des Verlustes seiner Gültigkeit den Anschein der Gültigkeit oder fälschlich den Anschein eines höheren Wertes geben will, fälschlich anfertigt oder verfälscht; oder

4. wer zu demselben Zwecke von einer der hier angeführten falschen Urkunden Gebrauch macht, oder wer von einer für einen anderen ausgestellten echten Urkunde, als ob sie für ihn ausgestellt sei, Gebrauch macht, oder wer eine solche für ihn ausgestellte echte Urkunde einem anderen zu dem gedachten Zwecke überläßt.

Wer die hier bezeichneten Handlungen gewerbsmäßig betreibt, soll mit Gefängnis bis zu fünf Jahren bestraft werden.

§ 190. Wer in rechtswidriger Absicht seine Unterschrift auf einer Urkunde ableugnet, oder wer eine fremde Urkunde vernichtet, unterdrückt oder beschädigt oder sie ganz oder teilweise unbrauchbar macht, soll mit der durch dies Gesetz für fälschliche Anfertigung oder Verfälschung einer solchen Urkunde vorgeschriebenen Strafe bestraft werden.

Wenn diese Tat als Mittel zur Begehung einer nach dem Gesetze mit Gefängnis von zwei Jahren oder mit einer anderen schwereren Strafe bedrohten Straftat begangen ist, soll der Täter mit der in § 184 dieses Gesetzes für fälschliche Anfertigung oder Verfälschung einer solchen Urkunde vorgeschriebenen Strafe bestraft werden.

In dem im letzten Absatze des § 180 dieses Gesetzes vorliegenden Falle soll der Täter mit der dort vorgeschriebenen Strafe bestraft werden.

§ 191. Wer in rechtswidriger Absicht einen Grenzstein oder ein anderes zur Bezeichnung des Eigentums an unbeweglichen Sachen oder des Rechtes zur Benutzung des Wassers bestimmtes Merkmal wegnimmt, vernichtet, beschädigt, verschiebt oder verrückt, oder wer einen solchen Grenzstein oder ein solches Merkmal falsch setzt, soll mit Gefängnis bis zu fünf Jahren bestraft werden; auch kann zugleich auf Geldstrafe bis zu fünftausend Dinaren erkannt werden.

Wer dies in der Absicht tut, einen Beweis für seinen begründeten Anspruch zu erlangen oder einen unbegründeten Anspruch abzuwehren, soll mit Geldstrafe bis zu tausend Dinaren oder mit Gefängnis bis zu einem Jahre bestraft werden.

§ 192. Wer staatliche oder kommunale, inländische oder ausländische Wertzeichen, wie Stempel-, Post-, Zollmarken, Stempelpapier und alle anderen ähnlichen gesetzlich bestehenden oder nach einem zukünftigen Gesetze noch herzustellenden Wertzeichen fälschlich anfertigt, oder wer solche echten Wertzeichen dadurch verfälscht, daß er ihnen in der Absicht, sie als echte zu verwenden oder zu verkaufen, das Aussehen eines höheren Wertes verleiht, soll mit Zuchthaus bis zu zehn Jahren bestraft werden; auch kann zugleich auf Geldstrafe bis zu zehntausend Dinaren erkannt werden.

Wer durch Entfernung des Stempelabdrucks, durch welchen diese Wertzeichen entwertet werden, oder auf irgend eine andere Weise diesen bereits verwendeten Wertzeichen das Aussehen gibt, als ob sie noch nicht verwendet wären, soll mit Gefängnis bestraft werden; auch kann zugleich auf Geldstrafe bis zu fünftausend Dinaren erkannt werden.

Wer wissentlich von einem fälschlich angefertigten oder verfälschten Wertzeichen als einem echten Gebrauch macht, soll mit der in diesem Gesetze für die fälschliche Anfertigung oder Verfälschung der Wertzeichen vorgeschriebenen Strafe bestraft werden.

Mit derselben Strafe soll auch derjenige bestraft werden, der ein solches falsches Wertzeichen verkauft oder feilhält.

Wer wissentlich von bereits verwendeten Wertzeichen Gebrauch macht oder diese als giltige verkauft, soll mit Geldstrafe bis zu fünfhundert Dinaren bestraft werden.

Wer die hier bezeichneten Handlungen gewerbsmäßig betreibt, soll in den Fällen des Absatzes 1, 2, 3 und 4 dieser Vorschrift mit dem höchsten Maße der für diese Straftaten dort vorgeschriebenen Strafe und im Falle des Absatzes 5 mit Gefängnis bis zu fünf Jahren bestraft werden.

§ 193. Mit Gefängnis soll bestraft werden:

1. wer die für die Bezeichnung der inländischen oder ausländischen Waren bestimmten amtlichen Zeichen wie Stempel, Siegel oder Marken, mit denen das Vieh, Holz, Gold, Silber oder eine andere Ware gestempelt wird, in der Absicht, sie als echte zu gebrauchen, fälschlich anfertigt oder verfälscht;

2. wer von solchen falschen oder verfälschten Zeichen als echten Gebrauch macht.

§ 194. Wer die zur Anfertigung oder Verfälschung der Urkunden oder der amtlichen Zeichen, die zur Bezeichnung des Wertes oder der Ware bestimmt sind, dienlichen Formen, Gerätschaften oder Werkzeuge anfertigt, sich verschafft oder in Verkehr bringt, soll mit Gefängnis oder mit Zuchthaus bis zu drei Jahren bestraft werden.

§ 195. Wer Maße oder Gewichte fälschlich anfertigt, verfälscht oder gesetzwidrig verändert, oder wer wissentlich von falschen, verfälschten oder veränderten Maßen und Gewichten als echten Gebrauch macht, soll mit Zuchthaus bis zu fünf Jahren bestraft werden; auch kann zugleich auf Geldstrafe bis zu fünftausend Dinaren erkannt werden.

§ 196. In allen Fällen der in §§ 179—195 angeführten Straftaten sollen alle Werkzeuge, Materialien und Erzeugnisse der Straftat ohne Rücksicht darauf, in wessen Eigentum oder Besitz sie sich befinden, eingezogen werden. Hierdurch wird nicht der Schadensersatzanspruch verletzt, der dem gutgläubigen Besitzer oder einer Person, die einen rechtlichen Anspruch an diesen Sachen hat, zustehen würde.

21. Kapitel.

Verbrechen wegen Münzfälschung.

§ 197. Unter Geld im Sinne dieses Gesetzes ist das im serbischen oder einem fremden Staate im Umlauf befindliche Metall- oder Papiergeld zu verstehen.

Dem Gelde werden auch die Banknoten der Nationalbank gleichgeachtet.

§ 198. Wer Geld anfertigt, um es als echtes Geld in Verkehr zu bringen, oder

wer echtes Geld dadurch verfälscht, daß er an den Wertbezeichnungen Veränderungen vornimmt, um jenes als Geld von höherem Werte in Verkehr zu bringen, soll mit Zuchthaus bis zu zehn Jahren bestraft werden.

Neben dieser Strafe kann der Täter auch zu einer Geldstrafe bis zu zehntausend Dinaren bestraft werden.

§ 199. Wer wissentlich fälschlich angefertigtes oder in seinen Wertbezeichnungen verändertes Geld als echtes in Verkehr bringt, soll mit Zuchthaus bis zu zehn Jahren bestraft werden; auch kann zugleich auf Geldstrafe bis zu zehntausend Dinaren erkannt werden.

Wer falsches Geld als echtes erlangt und dieses in Verkehr bringt, nachdem er erfahren hat, daß es fälschlich angefertigt oder auf die oben angeführte Weise verfälscht ist, soll mit Gefängnis bis zu einem Jahre oder mit Geldstrafe bis zu tausend Dinaren bestraft werden.

§ 200. Wer den Metallgehalt einer Geldmünze verringert, um sie als vollgültig in Verkehr zu bringen, soll mit Gefängnis bis zu fünf Jahren bestraft werden; auch kann zugleich auf Geldstrafe bis zu fünftausend Dinaren erkannt werden.

Wer dies gewerbsmäßig tut, soll mit Zuchthaus bis zu zehn Jahren bestraft werden; auch kann zugleich auf Geldstrafe bis zu zehntausend Dinaren erkannt werden.

Wer solche Geldmünzen als vollgültig in Verkehr bringt, obwohl er weiß, daß ihr echter Wert verringert ist, soll mit der in dem ersten, bezw. zweiten Absatze dieser Bestimmung vorgeschriebenen Strafe bestraft werden.

Wer solche Geldmünzen als vollgültig erlangt und diese in Verkehr bringt, nachdem er erfahren hat, daß deren Wert verringert ist, soll mit Gefängnis bis zu sechs Monaten oder mit Geldstrafe bis zu fünfhundert Dinaren bestraft werden.

§ 201. Wer falsches oder verfälschtes Geld oder Geldmünzen mit verringertem Metallgehalt sammelt, um sie als vollgültig in Verkehr zu bringen, soll mit Gefängnis oder mit Zuchthaus bis zu fünf Jahren bestraft werden; auch kann zugleich auf Geldstrafe bis zu fünftausend Dinaren erkannt werden.

§ 202. Wer in gewinnsüchtiger Absicht die aus einer Geldverringerung gewonnenen Metallteile oder Abfälle erwirbt oder veräußert, soll mit Gefängnis bestraft werden; auch kann zugleich auf Geldstrafe bis zu dreitausend Dinaren erkannt werden.

§ 203. Wer Rohstoffe, Formen, Stempel und andere zur Anfertigung von Metallgeld, Papiergeld oder von Banknoten der Nationalbank dienliche Gerätschaften anfertigt, sich verschafft oder veräußert, soll mit Gefängnis oder mit Zuchthaus bis zu fünf Jahren bestraft werden.

§ 204. Wer falsches Geld anfertigt oder echtes verfälscht oder dessen Metallgehalt verringert, soll, wenn er es zwar unbefugt, aber ohne die Absicht tut, es als echt in Verkehr zu bringen, mit Gefängnis bis zu einem Jahre oder mit Geldstrafe bis zu tausend Dinaren bestraft werden.

Wer unter denselben Umständen die zur Anfertigung oder Verfälschung dienlichen Gerätschaften oder Materialien anfertigt, sich verschafft oder veräußert, soll mit Gefängnis bis zu sechs Monaten oder mit Geldstrafe bis zu fünfhundert Dinaren bestraft werden.

Dasselbe gilt auch für das Papier, mit dem das Papiergeld oder die Banknoten der Nationalbank angefertigt werden.

§ 205. Die Vorschrift des § 196 dieses Gesetzes gilt auch für die Fälle der §§ 198–204.

22. Kapitel.

Verbrechen gegen die persönliche Freiheit.

§ 206. Wer widerrechtlich einen anderen durch Gewalt oder Drohung zu einer Handlung, Duldung oder Unterlassung nötigt, soll mit Gefängnis bis zu einem Jahre oder mit Geldstrafe bis zu tausend Dinaren bestraft werden.

§ 207. Wer widerrechtlich einen anderen einsperrt oder sonst der Freiheit beraubt, soll mit Gefängnis bestraft werden.

Wenn die eingesperrte oder sonst der Freiheit beraubte Person durch die Freiheitsentziehung oder durch die ihr während derselben widerfahrene Behandlung körperlich schwer verletzt worden ist oder schwer erkrankt ist, oder wenn die widerrechtliche Einsperrung über einen Monat gedauert hat, so soll der Täter mit Zuchthaus bestraft werden.

§ 208. Wer den Täter bei Begehung einer Straftat, oder wer in der Meinung, daß der Täter entfliehen oder nicht gefunden werden würde, jenen auf der Flucht festnimmt, oder wer einen Geisteskranken erforderlichenfalles in seiner Bewegungsfreiheit einschränkt oder einsperrt, soll, wenn über diese Freiheitsentziehung nicht unverzüglich der örtlichen Polizeibehörde Kenntnis gegeben wird, mit Geldstrafe bis zu fünfhundert Dinaren oder mit Gefängnis bis zu sechs Monaten bestraft werden.

§ 209. 1. Wer widerrechtlich eine minderjährige Person der Gewalt der Eltern, des Vormundes oder der sonstigen zur Fürsorge gesetzlich verpflichteten Personen entzieht, soll mit Gefängnis bestraft werden.

2. Der Täter soll mit Zuchthaus bis zu zehn Jahren bestraft werden:

wenn die minderjährige Person das 16. Lebensjahr noch nicht vollendet hatte;

wenn dadurch eine schwere Körperverletzung oder überhaupt eine schwere Erkrankung der verletzten Person verursacht worden ist;

wenn die Entziehung in der Absicht geschehen ist, die minderjährige Person zum Bettel oder zu irgend welchen anderen gewinnsüchtigen Zwecken zu gebrauchen.

3. Wenn bei den in Ziffer 1 und im ersten Absatze der Ziffer 2 dieser Vorschrift angeführten Straftaten mildernde Umstände vom Gericht zugebilligt werden, so kann dieses die Strafe für den Angeklagten nach freiem Ermessen mildern. Wenn aber diese Straftaten in der Absicht begangen werden, der minderjährigen Person zu nützen, und wenn die Lage derselben in der Tat dadurch verbessert worden ist, so soll der Täter nicht bestraft werden, wenn später die Eltern dieser Person oder die mit der Fürsorge der betreffenden Minderjährigen gesetzlich betrauten Personen darin einwilligen.

§ 210. Wer eine Frauensperson durch Gewalt, Drohung oder List entführt, um sie zur Ehe zu bringen, soll mit Gefängnis bestraft werden.

Die Untersuchung findet nur auf Antrag statt.

Ist aber die Ehe geschlossen, so kann die Untersuchung erst stattfinden, nachdem die Ehe für nichtig erklärt worden ist.

23. Kapitel.

Verbrechen gegen die persönliche Rechtssicherheit.

§ 211. Wer durch schwere und widerrechtliche Drohung die Sicherheit einer Person gefährdet, soll mit Geldstrafe bis zu tausend Dinaren oder mit Gefängnis bestraft werden.

§ 212. Wer in das Haus oder in das befriedete Besitztum oder in die Wohnung eines anderen widerrechtlich eindringt oder gegen den ausgesprochenen Willen des Berechtigten darin verweilt, soll mit Gefängnis oder mit Geldstrafe bis zu tausend Dinaren bestraft werden.

§ 213. Wer unbefugt einen Brief, eine Depesche oder ein anderes verschlossenes Schriftstück oder Paket eröffnet, oder wer unbefugt fremde Briefe, Pakete, Depeschen oder verschlossene Schriftstücke für sich behält, unterdrückt oder einem anderen übergibt, soll mit Gefängnis bis zu sechs Monaten oder mit Geldstrafe bis zu tausend Dinaren bestraft werden.

Wer das durch die unbefugte Eröffnung der Briefe, Pakete, Depeschen oder der anderen verschlossenen Schriftstücke erkundete Geheimnis einem anderen mitteilt oder sich desselben bedient, um sich selbst oder einem anderen einen unberechtigten Nutzen zu verschaffen, oder um der interessierten Person einen Schaden zu bereiten, soll mit Gefängnis bis zu einem Jahre oder mit Geldstrafe bis zu zweitausend Dinaren bestraft werden.

§ 214. Priester oder geistliche Personen, Rechtsanwälte, Verteidiger in Strafsachen, Ärzte, Wundärzte, Hebammen, Apotheker, sowie die Gehilfen dieser Personen, und überhaupt alle Beamte der Sanitätspolizei und Krankenanstalten, ebenso die Beamten der öffentlichen und privaten Organisationen für Lebens-, Kranken-, Invaliditäts- und Unfall-Versicherung, sollen, wenn sie diejenigen Geheimnisse, die ihnen kraft ihres Standes und ihrer Beschäftigung anvertraut oder mitgeteilt worden sind, oder die sie kraft ihres ärztlichen oder sonstigen Berufes erfahren haben, anderen unbefugt offenbaren, mit Gefängnis bis zu sechs Monaten oder mit Geldstrafe bis zu zweitausend Dinaren bestraft werden.

§ 215. Die Untersuchung der in diesem Kapitel angeführten Straftaten erfolgt auf Antrag.

24. Kapitel.

Verbrechen gegen die Ehre.

§ 216. Wer eine physische oder juristische Person öffentlich durch Worte beleidigt, soll mit Geldstrafe bis zu tausend Dinaren oder mit Gefängnis bis zu sechs Monaten bestraft werden.

Wurde die Beleidigung mittels einer Tätlichkeit oder in einer Druckschrift begangen, so soll der Täter mit Geldstrafe bis zu zweitausend Dinaren oder mit Gefängnis bis zu einem Jahre bestraft werden.

§ 217. Wenn jemand durch unanständiges Betragen oder durch eine strafbare Handlung einem andern einen unmittelbaren Anlaß zur Beleidigung gegeben hat, so kann der Beleidiger von Strafe freigesprochen werden.

§ 218. Hat der Beleidigte die Beleidigung erwidert, und ist die erwiderte Beleidigung nicht bedeutend schwerer als die ihm zuerst zugefügte, so können beide Teile von Strafe freigesprochen werden.

§ 219. Wer in Beziehung auf eine physische oder juristische Person eine unwahre Tatsache behauptet oder verbreitet, die geeignet ist, dessen Ehre, Ansehen oder wirtschaftlichen Kredit zu schädigen, soll als Verleumder mit Gefängnis bis zu einem Jahre bestraft werden.

Ist dies öffentlich oder in einer Druckschrift begangen, so soll der Täter mit Gefängnis bis zu achtzehn Monaten bestraft werden.

In beiden Fällen soll das Gericht nach freiem Ermessen zugunsten des Verleumdeten, wenn dieser einen Schadenersatz verlangt, zugleich auf eine Buße bis zu fünftausend Dinaren erkennen.

§ 220. Wer über wissenschaftliche, künstlerische oder gewerbliche Leistungen ein Urteil fällt, oder wer zur Ausführung oder Verteidigung von gewissen Rechten oder zur Wahrnehmung berechtigter Interessen Äußerungen macht, oder wer als Vorgesetzter seinen Untergebenen Vorhaltungen macht oder Rügen erteilt, oder wer eine dienstliche Anzeige erstattet, oder wer als Beamter seine Meinung äußert, soll, wenn er dabei einen beleidigenden Ausdruck gebraucht, wegen dieser Beleidigung nur dann bestraft werden, wenn man aus der Form der Äußerung oder aus den Umständen, unter denen sie geschah, die Absicht der Beleidigung feststellen kann.

Eine objektive Kritik bleibt straflos.

§ 221. Wer eine Beleidigung gegen eine Behörde oder eine politische Körperschaft, oder gegen einen Beamten oder Staatsangestellten, oder gegen einen Geschworenen, einen Schiedsrichter, einen Zeugen, einen Dolmetscher oder einen Sachverständigen, oder überhaupt gegen einen öffentlichen Angestellten, gegen einen Abgeordneten des Parlaments oder der Kreis- oder Bezirksvertretung, oder gegen ein Mitglied des Wahlausschusses begeht, indem diesen die Beleidigung während der Ausübung ihres Amtes oder auch außerhalb des Amtssitzes in bezug auf die Ausübung der amtlichen Tätigkeit überhaupt zugefügt wird, soll mit Gefängnis bis zu einem Jahre oder mit Geldstrafe bis zu zweitausend Dinaren bestraft werden.

Wer diese Personen unter den bezeichneten Umständen verleumdet, soll mit Gefängnis bis zu achtzehn Monaten bestraft werden.

§ 222. Wenn eine der in vorgehender Bestimmung angeführten Personen zu einer Amtshandlung unzuständig war oder ungesetzlich oder ungerecht gehandelt hat und dadurch der beteiligten Person einen Anlaß zur Begehung der bezeichneten Tat gegeben hat, so kann dem Täter eine solche Handlungsweise als ein besonders mildernder Umstand zugerechnet werden.

Auch kann das Gericht nach den Umständen des Falles eine solche Handlungsweise der bezeichneten Personen als Strafausschließungsgrund erachten und den Täter von Strafe freisprechen.

§ 223. Wer den König oder die Königlichen Namesniks*) beleidigt oder verleumdet, soll mit Gefängnis von mindestens drei Monaten bestraft werden.

Wer irgend ein Mitglied des Königlichen Hauses oder die „Narodna Skupschtina" beleidigt oder verleumdet, soll mit Gefängnis von zwei Monaten bis zu zwei Jahren bestraft werden.

§ 224. Wer den Landesherrn, den Regenten oder ein Mitglied des landesherrlichen Hauses eines fremden, mit Serbien in freundschaftlichen Beziehungen stehenden Staates beleidigt oder verleumdet, soll nach den Vorschriften des § 223 dieses Gesetzes bestraft werden, sofern in diesem Staate solche gegen den serbischen Landesherrn oder gegen die Namesniks oder gegen die Mitglieder des landesherrlichen Hauses begangene Taten strafbar sind.

§ 225. Wer einen beim Hofe des serbischen Königs gegenwärtig oder früher beglaubigten fremden Gesandten, bevollmächtigten Minister, diplomatischen Agenten oder Geschäftsträger beleidigt oder verleumdet, soll mit Gefängnis bis zu einem Jahre oder mit Geldstrafe bis zu zweitausend Dinaren bestraft werden.

---

*) vgl. die Anmerkung auf Seite 28.

§ 226. Wer in Beziehung auf einen Verstorbenen eine Handlung begeht, die bei dessen Lebzeiten als Beleidigung oder Verleumdung anzusehen wäre, soll nach den vorhergehenden Vorschriften nur dann bestraft werden, wenn dies in der Absicht geschehen ist, die überlebenden Nachkommen in ihrer Ehre zu verletzen oder in ihrem Ansehen zu schädigen.

Die Erben haben keinen Anspruch auf Schadensersatz aus § 219 dieses Gesetzes.

§ 227. Der Beweis der Wahrheit einer Verleumdung kann erbracht werden. Dem Kläger steht das Recht zu, Gegenbeweise vorzubringen.

Der Beweis der Wahrheit ist ausgeschlossen:

1. in den Fällen der §§ 223, 224 und 225 dieses Gesetzes;

2. wenn man den Beweis der Begehung einer nur auf Antrag zu untersuchenden und zu bestrafenden Straftat zu erbringen hätte, ein solcher Antrag aber bei der Behörde nicht gestellt oder aber vom Antragsteller zurückgenommen worden ist;

3. wenn der Verleumdete wegen der vom Verleumder behaupteten Straftat durch rechtskräftiges Urteil freigesprochen worden ist;

4. wenn die Verleumdung Verhältnisse des Familienlebens betrifft mit Ausnahme des Falles, daß der Inhalt der Verleumdung die Aufdeckung einer strafbaren Handlung bedeutet, oder wenn sie Verhältnisse des Privatlebens betrifft, wenn diese Verhältnisse mit der öffentlichen Betätigung der betreffenden Person oder mit einem den öffentlichen Kredit in Anspruch nehmenden Industrie-, Handels- oder Finanzunternehmen in keiner Beziehung stehen.

In den Fällen der Ziffern 2 und 4 dieser Bestimmung kann der Beweis der Wahrheit der Verleumdung nur mit Erlaubnis des Verleumdeten geführt werden.

Wenn bei der zuständigen Behörde wegen einer vom Angeklagten behaupteten Tat eine strafrechtliche oder disziplinarische Untersuchung beantragt oder eröffnet worden ist, so soll die Untersuchung und die Entscheidung über die Verleumdung bis zur Beendigung jener Untersuchung oder bis zu dem Beschlusse, daß die Eröffnung der Untersuchung nicht stattfinde, aufgeschoben werden.

§ 228. Wenn der Angeklagte den Beweis der Wahrheit seiner Behauptung erbringt, so soll er nicht als Verleumder bestraft werden; doch kann er wegen Beleidigung bestraft werden, wenn man aus der Form der Behauptung oder aus anderen Umständen die Absicht der Beleidigung erkennen kann.

§ 229. Die Untersuchung einer Beleidigung oder Verleumdung tritt ein:

1. auf Antrag in den Fällen der §§ 216, 219, 220 und 226;

2. im Fall des § 224 auf Anordnung des Justizministers, sofern die Tat nicht öffentlich begangen worden ist;

3. in den Fällen der §§ 224 und 225 auf Anordnung des Justizministers auf Grund eines Ersuchens der Regierung des fremden Staates oder ihres diplomatischen Vertreters.

Bei Beleidigungen und Verleumdungen verjährt das Recht auf Untersuchung in sechs Monaten, rechnend von dem Tage, an dem die Tat begangen worden ist; die Vollstreckung der Strafe verjährt in einem Jahre, seitdem das Urteil rechtskräftig geworden ist.

§ 230. In allen Fällen einer wegen Beleidigung oder Verleumdung ergangenen Verurteilung soll das Gericht dem Beleidigten oder Verleumdeten auf Kosten des Verurteilten das Urteil in beglaubigter Abschrift übermitteln; ist die Tat in einer Druckschrift begangen worden, so kann das Gericht auf Verlangen der beleidigten oder verleumdeten Person die öffentliche Bekanntmachung des Urteils durch eine Zeitung auf Kosten des Verurteilten anordnen.

§ 231. Der Versuch der in diesem Kapitel angeführten Straftaten soll nicht bestraft werden.

25. Kapitel.

Verbrechen gegen die Sittlichkeit.

§ 232. Wer eine Person durch Gewalt oder ernstliche Drohung zur Duldung des außerehelichen Beischlafs nötigt, soll mit Zuchthaus bis zu fünf Jahren bestraft werden.

Hat der Täter die Person, mit der er den außerehelichen Beischlaf ausgeübt hat, vorher in einen willenlosen Zustand versetzt oder sie zum Widerstande unfähig gemacht, so soll er mit Zuchthaus bis zu zehn Jahren bestraft werden.

§ 233. Wer den außerehelichen Beischlaf mit einer geisteskranken, geistesschwachen oder an einer in einem unzurechnungsfähigen Zustande befindlichen Person ausübt, soll mit Zuchthaus bis zu zehn Jahren bestraft werden.

§ 234. Wer mit einer in einem kranken Zustande befindlichen oder mit einer zum Widerstande und zur Verteidigung unfähigen Person den außerehelichen Beischlaf ausübt, soll mit Zuchthaus bis zu zehn Jahren bestraft werden.

§ 235. Wer mit den in den vorhergehenden Bestimmungen bezeichneten Personen zwar nicht den außerehelichen Beischlaf, aber irgend eine andere unzüchtige Handlung vornimmt, soll mit der Hälfte der dort vorgeschriebenen Strafe bestraft werden.

§ 236. Wer mit einer Person, die das fünfzehnte Lebensjahr noch nicht vollendet hat, den Beischlaf oder irgend eine andere unzüchtige Handlung vornimmt, soll mit Zuchthaus bis zu zehn Jahren bestraft werden.

Wer vor einer Person, die das fünfzehnte Lebensjahr noch nicht vollendet hat, zur Befriedigung seines Geschlechtstriebes den Beischlaf oder irgend eine andere unzüchtige Handlung vornimmt, soll mit Gefängnis bis zu zwei Jahren oder mit Geldstrafe bis zu zweitausend Dinaren bestraft werden.

§ 237. Wer den Beischlaf oder eine unzüchtige Handlung mit seiner minderjährigen Stieftochter, mit seinem Adoptivkinde oder seinem männlichen oder weiblichen Pflegekinde, oder mit seinem Mündel vornimmt, soll mit Zuchthaus bis zu fünf Jahren bestraft werden.

Die verführte minderjährige Person soll nicht bestraft werden.

§ 238. Mit Zuchthaus bis zu fünf Jahren soll bestraft werden:

1. wer als Vorgesetzter, als Arzt, Priester, Erzieher oder Lehrer seine Stellung dazu mißbraucht, mit den seiner Obhut anvertrauten oder mit ihm durch seine amtliche Tätigkeit in Berührung kommenden Personen den Beischlaf oder eine unzüchtige Handlung vorzunehmen;

2. wer mit Personen, die in Gefängnissen oder in Heil-, Armenpflege- oder Erziehungsanstalten unter seiner Gewalt oder Obhut stehen, den Beischlaf oder eine unzüchtige Handlung vornimmt.

§ 239. Wer mit einer Person den Beischlaf ausübt, nachdem er dieser durch Täuschung eine bestehende Ehe vorgespiegelt hat, soll mit Gefängnis bis zu fünf Jahren bestraft werden.

§ 240. Wer das Vertrauen eines minderjährigen Mädchens, welches das fünfzehnte Lebensjahr vollendet hat, mißbraucht, um es durch List oder Täuschung zum Beischlaf zu verführen, soll mit Gefängnis von mindestens sechs Monaten bestraft werden.

Hat der Täter das verführte Mädchen geheiratet, so soll er nicht bestraft werden.

§ 241. Wer eine Frauensperson durch Gewalt Drohung oder List entführt, um mit ihr im außerehelichen Geschlechtsverkehr zu leben, soll mit Zuchthaus bis zu fünf Jahren bestraft werden.

Ist die entführte Person jünger als fünfzehn Jahre, so soll die Dauer der Strafe Zuchthaus bis zu zehn Jahren betragen.

§ 242. Wer die Notlage, in der sich eine Frauensperson befindet, ausnützt, um sie zum Beischlafe zu verführen, soll mit Gefängnis bestraft werden.

Hat der Täter die auf solche Weise verführte Frauensperson geheiratet, so soll er nicht bestraft werden.

§ 243. Ist infolge eines gewaltsam ausgeübten Beischlafes oder infolge einer der in den §§ 232—242 bezeichneten unzüchtigen Handlungen die betreffende Person gestorben, so soll der Täter mit Zuchthaus bis zu zwanzig Jahren bestraft werden; wenn aber der Täter den Tod hätte voraussehen können, so soll er mit lebenslänglichem Zuchthaus bestraft werden.

Ist infolge des gewaltsam ausgeübten Beischlafes oder infolge einer unzüchtigen Handlung die betreffende Person schwer verletzt worden, und hätte der Täter diese Folge voraussehen können, so soll er mit Zuchthaus bis zu fünfzehn Jahren bestraft werden.

§ 244. Alle in den vorhergehenden Bestimmungen angeführten Taten sollen nur auf Antrag verfolgt werden, mit Ausnahme derjenigen

Fälle, in denen durch den Beischlaf oder durch die unzüchtige Handlung der Tod oder eine schwere Körperverletzung verursacht worden ist, sowie mit Ausnahme der im §238 dieses Gesetzes angeführten Fälle.

§ 245. Wer aus Eigennutz der Unzucht Vorschub leistet, oder wer gestattet, daß in seiner Wohnung Unzucht getrieben wird, soll mit Gefängnis bis zu zwei Jahren bestraft werden.

Mit Gefängnis von mindestens sechs Monaten soll bestraft werden.

1. wer gewohnheitsmäßig der Unzucht Vorschub leistet; oder

2. wer aus dem gewerbsmäßigen Unzuchtsbetriebe einer Frauensperson gewohnheitsmäßig seinen Lebensunterhalt bezieht.

§ 246. Wer ein Bordell hält, soll mit Gefängnis von mindestens sechs Monaten bestraft werden; auch soll ihm die Fortführung des Betriebes verboten werden.

Wenn der Täter in einem Zeitraum von fünf Jahren nach verbüßter Strafe wiederum ein Bordell eröffnet, so soll er mit Zuchthaus bis zu fünf Jahren bestraft werden.

§ 247. Wer an einen Bordellbesitzer eine Wohnung vermietet, soll, wenn er weiß, welchem Zwecke die vermietete Wohnung dienen soll, mit Geldstrafe bis zu fünftausend Dinaren bestraft werden.

§ 248. Wer absichtlich sich Personen verschafft, um sie der Unzucht zuzuführen, oder wer eine Person zur Unzucht mit einem anderen bestimmt, soll mit Zuchthaus bis zu fünf Jahren bestraft werden.

Mit Zuchthaus bis zu zehn Jahren soll bestraft werden:

1. wer dazu eine noch nicht achtzehn Jahre alte Person sich verschafft oder bestimmt;

2. wer seine Frau, seine Tochter, sein weibliches Enkelkind oder eine seiner Pflege, Sorge oder Beaufsichtigung anvertraute Person der Unzucht zuführt;

3. wer eine Person selbst mit ihrem Einverständnis einem Bordell zuführt;

4. wer eine Person, um sie der Unzucht zuzuführen, ins Ausland bringt oder zu gleichem Zwecke einem anderen übergibt;

5. wer eine Person durch List, Drohung oder Gewalt zur Unzucht mit einem anderen bestimmt oder nötigt.

§ 249. Wer der Unzucht seiner Frau, seiner Tochter, seines weiblichen Enkelkindes oder einer seiner Pflege, Sorge oder Beaufsichtigung anvertrauten Person Vorschub leistet, soll mit Gefängnis oder mit Geldstrafe bis zu fünftausend Dinaren bestraft werden.

§ 250. Der Beischlaf zwischen Verwandten gerader Linie oder zwischen vollbürtigen Geschwistern oder zwischen halbbürtigen Geschwistern soll mit Zuchthaus bis zu fünf Jahren bestraft werden.

Ist die Person, mit welcher der Beischlaf ausgeübt wurde, minderjährig, so soll der Täter mit Zuchthaus bis zu acht Jahren bestraft werden.

Die zur Tat verführte minderjährige Person soll nicht bestraft werden.

Das Recht zur Untersuchung dieses Verbrechens verjährt in zwei Jahren seit dem Tage der Begehung der Tat.

§ 251. Eine mündige Person, die mit einer minderjährigen, mehr als fünfzehn Jahre alten Person (vgl. § 236) widernatürliche Unzucht treibt, soll mit Gefängnis bestraft werden.

Diese Tat soll nur auf Antrag verfolgt werden, und beim Fehlen eines solchen nur dann, wenn das Verbrechen auf eine solche Weise begangen worden ist, daß die Rücksicht auf die allgemeine Sittlichkeit die Bestrafung des Täters erfordert.

§ 252. Wer öffentlich irgendeine unzüchtige Handlung begeht, soll mit Gefängnis oder mit Geldstrafe bis zu fünftausend Dinaren bestraft werden.

§ 253. Wer öffentlich einen Vortrag unzüchtigen Inhalts hält, soll mit Gefängnis bis zu zwei Jahren oder mit Geldstrafe bis zu zweitausend Dinaren bestraft werden.

§ 254. Wer unzüchtige Schriften, Abbildungen oder Gegenstände anfertigt, verkauft oder sonst in den öffentlichen Verkehr bringt, soll mit Gefängnis oder mit Geldstrafe bis zu fünftausend Dinaren bestraft werden; auch soll der Gegenstand der Straftat eingezogen und vernichtet werden.

26. Kapitel.

Verbrechen gegen Ehe und Familie.

§ 255. Ein Ehegatte, der eine neue Ehe eingeht, bevor seine früher geschlossene Ehe aufgelöst ist, soll mit Gefängnis von drei Monaten bis zu fünf Jahren bestraft werden.

Mit derselben Strafe soll eine ledige Person männlichen oder weiblichen Geschlechts bestraft werden, wenn sie mit einer Person, von der sie weiß, daß sie verheiratet ist, eine Ehe eingeht.

Die Verjährung dieser Tat kann solange nicht beginnen, als die früher geschlossene Ehe noch besteht.

§ 256. Ein Ehegatte, der mit einer anderen Person als mit seinem Ehegatten den Beischlaf ausübt, soll mit Gefängnis bis zu zwei Jahren bestraft werden.

Mit derselben Strafe soll die ledige Person männlichen oder weiblichen Geschlechts bestraft werden, die mit einer verheirateten Person den Beischlaf ausübt.

Diese Tat soll, wenn die Ehe wegen des Ehebruchs geschieden ist, auf Antrag des verletzten Ehegatten verfolgt werden.

Diese Taten verjähren in einer vom Tage der Rechtskraft des Scheidungsurteils rechnenden Frist von sechs Monaten.

Der Tod des verletzten Ehegatten schließt die Bestrafung aus.

§ 257. Wer durch List oder Gewalt eine Ehe eingeht, so daß der andere Teil berechtigt ist, die Nichtigkeit der Ehe zu fordern, soll mit Gefängnis bis zu fünf Jahren bestraft werden.

Die Untersuchung findet nur auf Antrag statt; dieser Antrag kann sofort nach Auflösung der Ehe gestellt werden.

§ 258. Eltern, Pfleger und Erzieher, welche die in ihrer Pflege oder Obhut befindlichen Kinder völlig vernachlässigen oder roh mißhandeln, sollen mit Gefängnis bestraft werden.

Wenn infolge einer solchen Behandlung schädliche Folgen für die Gesundheit und für die geistige und körperliche Entwicklung des Kindes entstehen, so soll der Täter mit Zuchthaus bis zu fünf Jahren bestraft werden.

Wenn das Kind infolge einer Mißhandlung und infolge schlechter Behandlung stirbt, so soll der Täter, wenn er diese Folge hätte voraussehen können, mit Zuchthaus bis zu zehn Jahren bestraft werden.

In den im ersten und zweiten Absatze dieser Bestimmung bezeichneten Fällen soll dem Täter die Gewalt über die Kinder entzogen werden; auch sollen den Kindern nach dem Vormundschaftsgesetz andere Pfleger gestellt werden.

27. Kapitel.

Verbrechen gegen das Vermögen.

§ 259. Unter einer beweglichen Sache im Sinne dieses Gesetzes sind auch Elektrizität, Dampf und die andern Energien zu verstehen.

§ 260. Wer eine fremde bewegliche Sache aus dem Gewahrsam eines andern in der Absicht wegnimmt, sich dieselbe rechtswidrig zuzueignen, soll wegen Diebstahls mit Gefängnis und mit Aberkennung der bürgerlichen Ehrenrechte bestraft werden.

§ 261. Wer wegen eines in vorhergehender Vorschrift angeführten Diebstahls zweimal oder mehrfach verurteilt worden ist und abermals eine solche Handlung begeht, soll mit Zuchthaus bis zu zehn Jahren bestraft werden.

§ 262. Der Dieb (§ 260) soll mit Zuchthaus bis zu zehn Jahren bestraft werden:

wenn er den Diebstahl durch Erbrechen von Behältnissen, durch Einbruch, Einsteigen, Einschleichen oder durch Öffnung eines Schlosses begangen hat;

wenn zwei oder mehrere Personen gemeinsam den Diebstahl begangen haben;

wenn er den Diebstahl zur Nachtzeit begangen hat;

wenn er bei Begehung des Diebstahls eine dem Angriff oder der Verteidigung dienende gefährliche Waffe mit sich führt;

wenn er Vieh, dessen Wert fünfzig Dinare übersteigt, gestohlen hat.

§ 263. Wer wegen eines in vorhergehender Vorschrift angeführten Diebstahls zweimal oder mehrfach verurteilt worden ist und abermals eine solche Handlung begeht, soll mit Zuchthaus bis zu zwanzig Jahren bestraft werden.

§ 264. Der Diebstahl an Geflügel soll ohne Rücksicht auf Zeit und Art der Begehung mit Gefängnis bis zu zwei Jahren und mit Aberkennung der bürgerlichen Ehrenrechte bestraft werden.

§ 265. Wer eine fremde bewegliche Sache, die er im Gewahrsam hat, oder die durch Fund oder durch Zufall in seinen Gewahrsam gelangt ist, sich rechtswidrig zueignet, soll wegen Unterschlagung mit Gefängnis bestraft werden; auch kann das Gericht in schwereren Fällen zugleich auf Verlust der bürgerlichen Ehrenrechte erkennen.

Dasselbe gilt für die Aneignung von Geld oder Wertpapieren.

Die Untersuchung findet nur auf Antrag statt.

§ 266. Wenn ein Beamter, ein ständig oder auf Zeit beschäftigter Angestellter oder sonst ein öffentlicher Angestellter der Selbstverwaltungs- oder Staatsbehörden oder ein öffentlicher Diener bei Ausübung ihres öffentlichen Amtes, oder wenn ein Vormund, Pfleger oder Erzieher eine Unterschlagung begangen haben, so sollen sie mit Zuchthaus bis zu zehn Jahren bestraft werden.

Wenn der Wert der unterschlagenen Sache zweihundert Dinare nicht übersteigt, so soll der Täter mit Gefängnis bis zu fünf Jahren bestraft werden.

§ 267. Wenn derjenige, der nach §§ 260—264 einen Diebstahl oder nach § 265 eine Unterschlagung begangen hat, dem Geschädigten vor der Verurteilung die Sache zurückgegeben oder deren Wert ersetzt hat, so soll das Gericht die Strafe mildern; auch kann es nach den Umständen des Falles die Strafe bis auf das Mindestmaß herabsetzen.

§ 268. Wenn ein Ehegatte gegen den andern, oder wenn Verwandte aufsteigender Linie gegen ihre in gerader Linie verwandten Nachkommen einen Diebstahl oder eine Unterschlagung begangen haben, so sollen sie nicht bestraft werden.

§ 269. Der Diebstahl und die Unterschlagung, die von Verwandten aufsteigender Linie gegen ihre in der Seitenlinie verwandten Nachkommen, sofern zwischen ihnen eine häusliche Gemeinschaft besteht, sowie der Diebstahl und die Unterschlagung, die gegen Hausgenossenschaftsmitglieder, Pfleger, Vormünder oder Erzieher begangen werden, sowie der Diebstahl und die Unterschlagung, welche Lehrlinge, Arbeiter oder Dienstpersonen gegen ihren Arbeitgeber oder gegen ein Mitglied seiner Familie oder gegeneinander begehen, sollen nur auf Antrag untersucht werden.

In diesen Fällen soll die Strafe milder sein. Die Art der Milderung kann das Gericht nach freiem Ermessen bestimmen.

Auf Verlust der bürgerlichen Ehrenrechte darf nicht erkannt werden.

§ 270. Wer mit Gewalt gegen eine Person oder unter Anwendung von Drohungen mit gegenwärtiger Gefahr für Leib oder Leben einem andern eine bewegliche Sache in der Absicht wegnimmt, sich dieselbe rechtswidrig zuzueignen, soll wegen Raubes mit Zuchthaus bis zu zehn Jahren bestraft werden.

§ 271. Gleich einem Räuber (§ 270) soll auch der Dieb bestraft werden, der, auf einem Diebstahl betroffen, gegen eine Person Gewalt oder Drohungen mit gegenwärtiger Gefahr für Leib oder Leben anwendet, um sich im Besitze des gestohlenen Gutes zu erhalten.

§ 272. Der Räuber (§ 270) soll mit Zuchthaus bis zu zwanzig Jahren bestraft werden:

1. wenn bei dem Raube eine Person körperlich oder geistig schwer verletzt worden ist;
2. wenn der Raub von mehreren Personen begangen worden ist;
3. wenn der Raub zur Nachtzeit begangen worden ist.

§ 273. Wer, um sich oder einem Dritten einen rechtswidrigen Vermögensvorteil zu verschaffen, durch Drohungen mit einem Übel einen andern zu einer dessen Vermögen berührenden Handlung, Duldung oder Unterlassung nötigt, soll wegen Erpressung mit Gefängnis oder mit Zuchthaus bis zu fünf Jahren bestraft werden; auch kann er zugleich mit Geldstrafe bis zu zehntausend Dinaren bestraft werden.

§ 274. Wer, um für sich oder für einen Dritten einen Vermögensvorteil zu erpressen, einen andern mit Mord, mit Brandstiftung oder mit Verursachung einer Überschwemmung bedroht oder gegen eine Person Gewalt angewendet hat, soll mit Zuchthaus bis zu zehn Jahren bestraft werden.

§ 275. Wer sich von der Staatsgewalt in der Absicht lossagt, allein oder in Gemeinschaft mit andern Straftaten zu begehen, soll wegen dieser Lossagung mit Gefängnis bestraft werden.

Wenn dieser, bevor er eine Straftat begangen hat, freiwillig in den Machtbereich der Behörden zurückkehrt, so soll er wegen jener Lossagung nicht bestraft werden; hat er dies aber erst nach öffentlicher Aufforderung der Behörde, aber noch bevor er zum Haiduk*) erklärt worden ist, getan, so soll er mit Gefängnis von nicht mehr als sechs Monaten bestraft werden.

§ 276. Wenn der zum Haiduk Erklärte eine mit Gefängnis oder mit Zuchthaus bis zu zehn Jahren bedrohte Straftat begeht, so soll er mit Zuchthaus bis zu zwanzig Jahren bestraft werden.

---

*) Zum Haiduk wird eine, in der Regel im Gebirge sich verbergende Person erklärt, die sich trotz öffentlicher Aufforderung in einer bestimmten Frist der Behörde nicht stellt. Mit der behördlichen Erklärung steht der Haiduk außerhalb des Schutzes der Gesetze; er wird vogelfrei. Jeder darf ihn straflos töten. Wird er aber ergriffen, so untersteht er wieder den ordentlichen Gesetzen.

Wenn er eine mit Zuchthaus von mehr als zehn Jahren bedrohte Straftat begeht, so soll er mit lebenslänglichem Zuchthaus bestraft werden.

Wenn er eine mit lebenslänglicher Zuchthausstrafe bedrohte Straftat begeht, so soll er mit dem Tode bestraft werden.

§ 277. Wenn der zum Haiduk Erklärte sich nach Begehung einer Straftat der Behörde freiwillig stellt, so soll dies bei der Strafbemessung als mildernder Umstand berücksichtigt werden.

§ 278. Wer Sachen, von denen er weiß oder annehmen muß, daß sie durch eine Straftat erlangt sind, verheimlicht, zum Pfande nimmt oder sonst an sich bringt, kauft oder zu deren Absatz bei andern mitwirkt, soll, wenn die Tat, durch welche die Sachen erlangt sind, mit Geldstrafe oder mit Gefängnis bedroht ist, mit Geldstrafe bis zu zehntausend Dinaren oder mit Gefängnis bestraft werden; wenn aber die Straftat, durch welche die Sachen erlangt sind, mit einer schwereren Strafe bedroht ist, kann der Täter auch mit Zuchthaus bis zu zehn Jahren bestraft werden.

Neben der Gefängnisstrafe soll das Gericht auch auf Verlust der bürgerlichen Ehrenrechte erkennen.

§ 279. Wer rechtswidrig eine fremde Sache beschädigt oder zerstört, oder wer, um einem andern einen Schaden zuzufügen, diesem elektrische Arbeit entzieht, soll mit Gefängnis und in leichteren Fällen mit Geldstrafe bis zu dreitausend Dinaren bestraft werden.

Die Untersuchung dieser Tat tritt nur auf Antrag des Geschädigten ein; nur bei Beschädigung von öffentlichem Gute hat jene von Amts wegen stattzufinden.

§ 280. Wer in bezug auf einen entgeltlichen Vertrag unter Ausbeutung der schlechten Vermögenslage des andern Vertragsschließenden, seiner mangelnden Handlungsfähigkeit oder seines Irrtums über die Tragweite des Vertrages sich einen übermäßigen Vermögensvorteil verschafft, soll mit Gefängnis von mindestens einem Monate oder mit Geldstrafe von dreihundert bis zu zehntausend Dinaren bestraft werden.

Auch kann das Gericht in schwereren Fällen auf Verlust der bürgerlichen Ehrenrechte' erkennen.

§ 281. Wer, um sich einen Vermögensvorteil zu verschaffen, aus dem Glücksspiel ein Gewerbe macht, soll mit Gefängnis bis zu einem Jahre und zugleich mit Geldstrafe bis zu dreitausend Dinaren bestraft werden.

Ebenso soll auch derjenige bestraft werden, der Spielkarten oder andere zum Glücksspiele bestimmte Gegenstände mit sich führt und andere zum Glücksspiele anlockt.

Auch kann das Gericht in schwereren Fällen auf Verlust der bürgerlichen Ehrenrechte erkennen

Die zum Glücksspiele bestimmten Gegenstände sollen eingezogen werden.

§ 282. Die Eigentümer oder Inhaber von Kaffeehäusern, von Wirtshäusern oder von andern, der Zusammenkunft von Menschen dienenden Orten, welche an diesen Orten Glücksspiele gestatten oder den Spielern die Möglichkeit zum Glückspiel verschaffen oder diese verbergen, sollen mit Geldstrafe bis zu dreitausend Dinaren bestraft werden.

Im Wiederholungsfalle kann ihnen neben der vorgeschriebenen Strafe auch das Recht des Gewerbebetriebes auf gewisse Zeit oder dauernd entzogen werden.

§ 283. Wer unbefugt Lotterien oder Ausspielungen veranstaltet, soll mit Geldstrafe bis zu dreitausend Dinaren oder mit Gefängnis bis zu einem Jahre bestraft werden.

§ 284. Wer unbefugt ausländische Lose zum Zwecke des Verkaufes oder zwecks persönlicher Beteiligung an der Ziehung im Besitze hat, soll mit Geldstrafe bis zu dreitausend Dinaren bestraft werden.

§ 285. In den beiden vorstehenden Fällen sollen die Lose, Teillose und Gegenstände von dem Täter eingezogen werden.

§ 286. Wer bei einer Zwangsvollstreckung in sein Vermögen in der Absicht, die Befriedigung des Gläubigers zu vereiteln, eine Person durch das Versprechen oder die Hingabe eines Vermögensvorteils von der öffentlichen Versteigerung abhält, oder wer bei einer ihm drohenden Zwangsvollstreckung Bestandteile seines Vermögens veräußert oder verheimlicht, soll mit Gefängnis bis zu einem Jahre oder mit Geldstrafe bis zu zweitausend Dinaren bestraft werden.

Die Untersuchung tritt nur auf Antrag des geschädigten Gläubigers ein.

§ 287. Wer seine eigene bewegliche Sache oder eine fremde bewegliche Sache, zugunsten des Eigentümers derselben, dem Nutznießer, Pfandgläubiger oder demjenigen, welchem an der Sache ein Gebrauchs- oder Zurückbehaltungsrecht zusteht, rechtswidrig wegnimmt, oder wer eine solche Sache zerstört oder verheimlicht, soll mit Gefängnis bis zu einem Jahre oder mit Geldstrafe bis zu zweitausend Dinaren bestraft werden.

Die Untersuchung tritt nur auf Antrag der geschädigten Person ein.

§ 288. Öffentliche Pfandleiher, welche die von ihnen in Pfand genommenen Gegenstände unbefugt in Gebrauch nehmen, sollen mit Gefängnis bis zu einem Jahre oder mit Geldstrafe bis zu tausend Dinaren bestraft werden.

Die Untersuchung tritt nur auf Antrag der geschädigten Person ein.

§ 289. Ein Beamter, ein ständig oder auf Zeit beschäftigter Angestellter oder sonst ein öffentlicher Angestellter der Selbstverwaltungs- oder Staatsbehörden, die Geld, Wertpapiere oder Sachen, die sie in amtlicher Eigenschaft im Besitze haben, in Gebrauch nehmen oder einer anderen Person zum Gebrauche überlassen, sollen mit Verlust des Amtes bestraft werden.

Vorzeitige Gehaltszahlung soll, wenn diese mit Bewilligung der Verwaltungsbehörde geschieht, nicht bestraft werden.

§ 290. Wer auf dem Prozeßwege die Bezahlung einer Schuld, von der er weiß, daß sie ganz oder teilweise getilgt ist, verlangt, soll mit Gefängnis bis zu zwei Jahren oder mit Geldstrafe bis zu fünftausend Dinaren bestraft werden.

§ 291. Ein Schuldner, der in der Absicht, seine Schulden nicht zu bezahlen, seine Vermögenslage scheinbar oder tatsächlich verschlechtert, soll, wenn über sein Vermögen das Konkursverfahren eröffnet worden ist, wegen betrügerischen Bankerotts mit Zuchthaus bis zu zehn Jahren bestraft werden.

Eine solche Verschlechterung der Vermögenslage wird dadurch herbeigeführt:

1. daß der Schuldner sein ganzes Vermögen oder einen Bestandteil desselben verheimlicht, scheinbar verkauft, verschenkt oder erheblich unter dem Werte veräußert hat;

2. daß er unwahre Verträge über seine Schuld geschlossen oder erdichtete Forderungen anderer anerkannt hat;

3. daß er die gesetzlich vorgeschriebenen oder nach der Natur des Geschäfts erforderlichen ordentlichen Handelsbücher zu führen unterlassen hat, oder daß er diese Bücher verheimlicht, vernichtet oder so geführt hat, daß man aus ihnen eine Übersicht der wahren Vermögenslage nicht gewinnen kann;

4. daß er sein Geschäft und seine Firma ohne Wissen seiner unbefriedigten Gläubiger auf einen andern übertragen hat.

§ 292. Ein Gemeinschuldner soll wegen einfachen Bankerotts mit Gefängnis bestraft werden:

1. wenn er durch sein verschwenderisches Leben oder durch übermäßigen Aufwand im Haushalt sein Vermögen überschuldet;

2. wenn er sein Geschäft vernachlässigt und die erforderlichen Handelsbücher unordentlich geführt hat;

3. wenn er es unterlassen hat, die Bilanz seines Geschäftes jährlich zu ziehen;

4. wenn er eine neue Schuld eingegangen ist, nachdem er aus seiner Bilanz ersehen hat, daß sein Vermögen selbst für die Tilgung der Hälfte seiner Schulden nicht genügt;

5. wenn er sich in Börsen- oder andere Spekulationen eingelassen hat, die mit seinen Vermögensverhältnissen in auffallendem Widerspruch stehen.

§ 293. Mit Gefängnis oder mit Zuchthaus bis zu fünf Jahren soll bestraft werden:

1. wer im Interesse des Gemeinschuldners das Vermögen desselben oder einen Vermögensbestandteil verheimlicht; und

2. wer im Interesse des Gemeinschuldners, oder um sich oder einem andern einen rechtswidrigen Vermögensvorteil zu verschaffen, in bezug auf die Konkursmasse erdichtete Forderungen anmeldet und erreicht, daß diese als echt anerkannt werden.

§ 294. Ein Gemeinschuldner, der rechtswidrig einen Gläubiger zum Nachteile der andern Gläubiger befriedigt hat, soll mit Gefängnis bis zu zwei Jahren bestraft werden.

Die Untersuchung tritt nur auf Antrag der geschädigten Gläubiger ein.

§ 295. Ein Gemeinschuldner, der einem Mitgliede des Gläubigerausschusses einen Vermögensvorteil dafür gewährt oder versprochen hat, daß dieser zu seinen Gunsten das Stimmrecht ausübe, sowie der Konkursgläubiger, der einen Vermögensvorteil oder das Versprechen eines solchen angenommen hat, sollen mit Gefängnis bis zu zwei Jahren bestraft werden.

§ 296. Die Vorschriften der §§ 291—295 finden auch gegen die Mitglieder des Vorstandes und des Aufsichtsrates einer Aktiengesellschaft und ähnlicher Gesellschaften Anwendung.

§ 297. In den Fällen der §§ 291, 292 und 294 kann das Gericht den schuldnerischen Geschäftsinhaber noch mit dem Verbote der selbständigen Führung seines Geschäftes bestrafen; auch kann es im Falle des § 296 auf die Unfähigkeit desselben, Mitglied des Vorstandes oder des Aufsichtsrates solcher Gesellschaften zu werden, erkennen.

Im Falle eines wiederholten Bankerotts soll das Gericht auf dauerndes Verbot erkennen.

§ 298. Wenn vor dem Erlaß eines auf die vorher angeführten Taten sich beziehenden Urteils die Konkursgläubiger erklären, daß sie, sei es vom Schuldner, sei es von einem andern, in ihren Forderungen teilweise oder völlig befriedigt seien, so soll diese Erklärung dahin berücksichtigt werden, daß im Falle einer Zuchthausstrafe diese bei teilweiser Befriedigung herabgesetzt, bei vollständiger Befriedigung durch Gefängnisstrafe ersetzt werden soll; im Falle einer Gefängnisstrafe soll diese bei teilweiser Befriedigung herabgesetzt werden, bei vollständiger Befriedigung ganz entfallen.

§ 299. Alle vorstehenden Vorschriften finden auch gegen denjenigen Schuldner Anwendung, über dessen Vermögen das Konkursverfahren nicht eröffnet worden ist, weil eine den Kosten des Verfahrens entsprechende Konkursmasse nicht vorhanden war.

§ 300. Wer in der Absicht, sich oder einem Dritten einen rechtswidrigen Vermögensvorteil zu verschaffen, einen andern durch Vorspiegelung falscher oder durch Unterdrückung oder Entstellung wahrer Tatsachen in einen Irrtum versetzt oder ihn in einem solchen erhält und ihn dadurch zu einer Handlung oder Unterlassung veranlaßt, die für dessen eignes Vermögen oder für das Vermögen einer

Person, deren Bevollmächtigter er ist, nachteilig ist, soll wegen Betruges mit Gefängnis bis zu fünf Jahren oder mit Geldstrafe bis zu zehntausend Dinaren und mit Aberkennung der bürgerlichen Ehrenrechte bestraft werden.

Ist dies ohne die Absicht geschehen, sich einen Vermögensvorteil zu verschaffen, so soll der Täter mit der Hälfte der vorgeschriebenen Strafe bestraft werden.

§ 301. Wenn auch nicht alle in vorstehender Vorschrift bezeichneten Tatbestandsmerkmale vorliegen, so soll bei Verträgen die Begehung eines Betruges angenommen und der Täter nach vorstehender Vorschrift bestraft werden:

1. wenn der eine Teil den Vertrag nur geschlossen hat, um ihn als Mittel zum Betruge zu benutzen, und wenn er dadurch dem andern Teile einen tatsächlichen Vermögensschaden zugefügt hat;

2. wenn der eine Teil statt des durch Vertrag bestimmten Gegenstandes einen andern von geringerem Werte oder einen solchen mit andern Eigenschaften geliefert oder wenn er den Wert des durch Vertrag bestimmten Gegenstandes verringert hat;

3. wenn der eine Teil den andern in bezug auf die Natur, die wesentlichen Eigenschaften, die Zusammensetzung und die Menge der erforderten Bestandteile einer Ware betrogen hat;

4. wenn der eine Teil den andern in bezug auf die Art oder die Herkunft der Ware betrogen hat; Voraussetzung der Bestrafung aber ist es, daß die der Ware fälschlich beigefügte Bezeichnung der Art und der Herkunft der Ware für den Abschluß des Kaufvertrages ausschlaggebend war.

§ 302. Wer den Betrug gewerbsmäßig betreibt, soll mit Zuchthaus bis zu zehn Jahren bestraft werden.

Ebenso soll auch der bei militärischen und staatlichen Lieferungen begangene Betrug bestraft werden.

§ 303. Nach § 300 soll derjenige bestraft werden, der amtlich gesiegelte, mit einer Aufschrift über den Inhalt versehene Geldbriefe, Geldbeutel oder Geldpakete unter dem auf der Aufschrift bezeichneten vollen Werte aushändigt, obgleich er weiß, daß sie geöffnet worden sind, und daß ihnen Geld entnommen worden ist.

Die Strafe kann nicht weniger als drei Monate oder dreihundert Dinare betragen.

§ 304. Wer in der Absicht, vom Versichernden die Versicherungssumme zu erlangen, eine gegen Feuersgefahr versicherte Sache in Brand setzt, oder wer ein Schiff, welches als solches oder in seiner Ladung versichert ist, sinken oder stranden macht, soll mit Zuchthaus bis zu zehn Jahren oder mit Geldstrafe bis zu zehntausend Dinaren bestraft werden.

§ 305. Die in den §§ 267 und 268 dieses Gesetzes angeführten Bestimmungen finden in vollem Umfange auch auf den Betrug Anwendung.

§ 306. Wer als Vertreter der Vermögensinteressen einer Person oder als deren Vermögensverwalter seine gesetzliche Pflicht nicht erfüllt oder nach Erfüllung derselben, in der Absicht, die betreffende Person zu schädigen, eine unerlaubte, pflichtwidrige Handlung begeht, soll wegen Mißbrauchs des Vertrauens mit Gefängnis, in schwereren Fällen auch mit Aberkennung der bürgerlichen Ehrenrechte bestraft werden.

Wenn der Täter diese Tat in der Absicht begangen hat, sich oder einem andern einen Vermögensvorteil zu verschaffen, so soll er neben der vorgeschriebenen Strafe noch mit Geldstrafe bis zu zehntausend Dinaren bestraft werden.

Die Untersuchung tritt nur auf Antrag ein.

§ 307. Wenn die in § 306 angeführte Tat von einem Rechtsanwalt oder von einem als Rechtsanwalt fungierenden Staatsbeamten begangen wird, so kann das Gericht in besonders schweren Fällen neben der vorgeschriebenen Strafe (§ 306) noch auf zeitigen oder dauernden Verlust des Amtes erkennen.

§ 308. Wenn die im § 306 angeführte Tat von Verwandten aufsteigender Linie gegen ihre in gerader Linie verwandten Nachkommen oder von einem Ehegatten gegen den andern begangen worden ist, so kann das Gericht die Strafe nach freiem Ermessen mildern.

§ 309. Wenn der Eigentümer seine durch die Behörde in Beschlag genommenen Sachen, die ihm zwecks Aufbewahrung belassen sind, veräußert oder zerstört, so soll er mit Gefängnis bis zu zwei Jahren bestraft werden.

§ 310. Wenn der Täter der in vorstehenden Vorschriften angeführten Taten den durch seine Handlung verursachten Schaden ersetzt, so soll das Gericht die Strafe nach freiem Ermessen mildern und ihn in besonders leichten Fällen von Strafe freisprechen.

28. Kapitel.

Verbrechen der Beamten in Ausübung der Amtspflicht.

§ 311. Ein Beamter, der für sich oder für einen anderen einen Vermögensvorteil oder das Versprechen eines solchen fordert oder annimmt, um eine Amtshandlung vorzunehmen oder zu unterlassen, oder dafür, daß er eine Amtshandlung bereits vorgenommen hat, soll mit Gefängnis oder mit Verlust des Amtes bestraft werden.

§ 312. Wenn die Amtshandlung, die ein Beamter wegen seines oder eines Dritten Vermögensvorteils vorgenommen hat, ungesetzlich war, so soll der Beamte mit Gefängnis und mit Verlust des Amtes bestraft werden.

§ 313. Richter, Geschworene oder Schiedsrichter sowie Mitglieder eines Gemeindegerichts, die für sich oder für einen anderen einen Vermögensvorteil oder das Versprechen eines solchen fordern oder annehmen, um zugunsten eines Beteiligten zu urteilen, oder dafür, daß sie zugunsten eines Beteiligten geurteilt haben, sollen mit Zuchthaus bis zu fünf Jahren bestraft werden.

§ 314. Geld oder Gegenstände, welche die in den vorhergehenden Bestimmungen angeführten Personen auf eine solche ungesetzliche Art von Privatpersonen erhalten haben, sollen zugunsten der Staatskasse für verfallen erklärt werden.

§ 315. Ein Beamter, der um seines oder eines Dritten oder des staatlichen Vorteils willen unter irgendeinem Vorwande von jemandem Abgaben erhebt, die dieser überhaupt nicht oder nur in geringerem Betrage schuldet, oder der bei Ausgaben der Staatskasse absichtlich dem Empfänger des Geldes zu wenig auszahlt, soll mit Gefängnis oder mit Verlust des Amtes bestraft werden.

§ 316. Ein Beamter, der bei der Untersuchung von Straftaten oder bei seiner Tätigkeit in bürgerlichen Rechtsstreitigkeiten durch unerlaubte Mittel eine Aussage erpreßt, soll mit Geldstrafe oder mit Verlust des Amtes bestraft werden.

§ 317. Ein Beamter oder ein Staatsangestellter, der rechtswidrig einer Person die Freiheit entzieht oder jene über die gesetzlich zulässige Zeit hinaus eingesperrt hält oder sie rechtswidrig aus ihrem Wohnorte ausweist, soll mit Gefängnis oder mit Verlust des Amtes bestraft werden.

Hat der Täter dies aus Fahrlässigkeit getan, so soll er mit Gefängnis bis zu sechs Monaten oder mit Geldstrafe bis zu fünfhundert Dinaren bestraft werden.

§ 318. Ein Beamter, der die Vollstreckung eines ungesetzlichen Urteils oder einer ungesetzlichen Strafe anordnet, sowie ein Beamter, der ein solches Urteil oder eine solche Strafe vollstreckt, soll mit Gefängnis oder mit Verlust des Amtes bestraft werden.

Wer dies aus Fahrlässigkeit getan hat, soll mit Gefängnis bis zu sechs Monaten oder mit Gefängnis bis zu fünfhundert Dinaren bestraft werden.

§ 319. Ein Beamter, der, um jemanden vor der verdienten Strafe zu bewahren, es unterläßt, pflichtgemäß zu handeln, soll mit Gefängnis oder mit Verlust des Amtes bestraft werden.

Ein Beamter, der durch Mißbrauch des Amtes die Vollstreckung der erkannten Strafe verhindert, oder der statt der erkannten Strafe eine mildere vollstreckt, oder der den Gefangenen aus der Haft entweichen läßt, soll mit Verlust des Amtes bestraft werden; auch kann ihn das Gericht zugleich zu Gefängnis verurteilen.

Ein Beamter, der solche Taten fahrlässig begeht, soll mit Gefängnis bis zu sechs Monaten oder mit Geldstrafe bis zu fünfhundert Dinaren bestraft werden.

§ 320. Ein Aufseher, der einen Gefangenen oder Verhafteten aus dem Gefängnis oder aus der Haft entweichen läßt, soll mit Zuchthaus bis zu fünf Jahren bestraft werden.

Hat er dies fahrlässig getan, so soll er mit Gefängnis bis zu zwei Jahren bestraft werden.

§ 321. Ein Beamter, der unter Mißbrauch seines Amtes oder seiner Stellung jemanden zu einem Handeln, Unterlassen oder Dulden nötigt, soll, wenn irgend ein Recht desselben verletzt oder vermindert wird, mit Gefängnis bis zu einem Jahre oder mit Geldstrafe bis zu tausend Dinaren bestraft werden.

§ 322. Ein Beamter, der gesetzwidrig zwecks Untersuchung von Gegenständen und Personen eine Wohnung betritt, oder der den Briefwechsel und andere bei der Untersuchung gefundene Gegenstände gesetzwidrig einzieht, soll mit Gefängnis oder mit Verlust des Amtes bestraft werden.

§ 323. Ein Beamter, der in ein amtliches Schriftstück, in ein Protokoll oder in eine Urkunde absichtlich eine unwahre Tatsache einträgt oder eine wahre Tatsache verschweigt, oder der durch seine Unterschrift oder durch einen amtlichen Stempel ein Schriftstück, Protokoll oder eine Urkunde unwahren Inhalts bestätigt, soll mit Zuchthaus bis zu zehn Jahren bestraft werden.

Ein Beamter, der fahrlässig eine der angeführten Straftaten begeht, soll mit Gefängnis bis zu sechs Monaten oder mit Geldstrafe bis zu fünfhundert Dinaren bestraft werden.

§ 324. Ein Beamter, der ohne Erlaubnis der zuständigen vorgesetzten Behörde ein Amtsgeheimnis jemandem anvertraut oder mitteilt, soll mit Gefängnis bis zu einem Jahre oder mit Verlust des Amtes bestraft werden.

Wird die angeführte Straftat von einem ehemaligen Beamten begangen, so soll dieser mit Gefängnis bis zu einem Jahre oder mit Geldstrafe bis zu tausend Dinaren bestraft werden.

§ 325. Ein Postbeamter oder Postangestellter soll mit Gefängnis oder mit Verlust des Amtes bestraft werden:

a) wenn er ohne Befehl der zuständigen Behörde einen der Post zur Beförderung an eine bestimmte Person übergebenen Brief oder eine Postsendung öffnet oder auf ihren Inhalt hin untersucht;

b) wenn er einen Brief oder eine Sendung vernichtet, unterdrückt oder sie derjenigen Person, an die sie gerichtet ist, nicht ausliefert; und

c) wenn er jemandem den Inhalt mitteilt, den er aus dem geöffneten Briefe erfahren hat.

Mit derselben Strafe soll ein Postbeamter oder Postangestellter bestraft werden, der einem anderen gestattet, eine der in dieser Bestimmung angeführten Straftaten zu begehen.

§ 326. Ein Telegraphenbeamter oder Telegraphenangestellter, der in einem zur Beförderung übergebenen Telegramm etwas ausläßt, verändert oder hinzufügt, oder der das Telegramm überhaupt nicht absendet oder es derjenigen Person, an die es gerichtet ist, nicht ausliefert, oder der den Inhalt des Telegramms anderen interessierten Personen mitteilt, soll mit Gefängnis oder mit Verlust des Amtes bestraft werden.

Hat der Täter dies fahrlässig getan, oder sind mehrere mildernde Umstände vorhanden, so soll der Täter mit Geldstrafe bis zu tausend Dinaren bestraft werden.

§ 327. Ein Telephonbeamter oder Telephonangestellter, der einen falschen Anschluß gibt, soll mit Geldstrafe bis zu fünfhundert Dinaren bestraft werden.

§ 328. Ein Beamter, der ohne berechtigten Grund eine Amtshandlung, zu deren Vornahme er gesetzlich verpflichtet ist, nicht ausführen will, soll mit Gefängnis bis zu sechs Monaten oder mit Geldstrafe bis zu fünfhundert Dinaren bestraft werden.

Wenn infolge einer solchen Unterlassung der Amtshandlung jemand in seinem Vermögen oder seinem Rechte geschädigt ist, oder wenn jemand sein Leben eingebüßt hat, so soll der Beamte mit Gefängnis oder mit Zuchthaus bis zu fünf Jahren bestraft werden.

§ 329. Unter Angestellten sind in diesem Kapitel alle im Dienste der betreffenden Verwaltungen stehenden Personen, die nicht auf Grund einer Urkunde angestellt sind, zu verstehen.

29. Kapitel.

Verbrechen der Priester in Ausübung der Amtspflicht.

§ 330. Ein Priester, der wissentlich Personen, zwischen denen nach dem bürgerlichen Gesetzbuche die Ehe anfechtbar oder nichtig ist, kirchlich traut, soll mit Gefängnis bis zu fünf Jahren oder mit Geldstrafe bis zu fünftausend Dinaren bestraft werden.

Werden die gesetzlichen Ehehindernisse beseitigt, und bleibt die Ehe bestehen, so soll der Priester mit Geldstrafe bis zu tausend Dinaren bestraft werden.

§ 331. Ein Priester irgend einer Religionsgemeinschaft, der die Geburt, die Trauung oder den Tod in das vorgeschriebene Register nicht einträgt, soll mit Gefängnis bis zu zwei Jahren oder mit Geldstrafe bis zu zweitausend Dinaren bestraft werden.

§ 332. Mit Zuchthaus bis zu 10 Jahren soll bestraft werden ein Priester:

1. der in den Geburts-, Ehe- oder Sterberegistern eine Fälschung vornimmt;
2. der in die angeführten Register einen falschen Namen einträgt;
3. der aus den angeführten Registern einen falschen Auszug gibt;
4. der eines der angeführten Register völlig vernichtet oder unterdrückt oder ein Blatt in diesen Registern vernichtet.

§ 333. Ein Priester, der, von einer Person aufgefordert, eine religiöse oder irgend eine Handlung, deren Vornahme seine Pflicht ist, nicht übernehmen will, soll mit Geldstrafe bis zu tausend Dinaren oder mit Gefängnis bis zu einem Jahre bestraft werden.

Wenn ein Priester für die Ausübung seiner Pflicht ein ihm gesetzlich nicht zustehendes oder ein höheres Entgelt, als es ihm gesetzlich zukommt, fordert, so soll er mit Geldstrafe bis zu zweitausend Dinaren oder mit Gefängnis bis zu zwei Jahren bestraft werden.

Die Untersuchung findet auf Antrag statt.

Zweiter Abschnitt: Vergehen.

30. Kapitel.

Vergehen gegen die Sicherheit des Staates, den öffentlichen Frieden und die öffentliche Ordnung.

§ 334. Wer ohne Erlaubnis der zuständigen Behörde Risse oder Zeichnungen von Festungen oder befestigten Plätzen aufnimmt oder diese photographiert, soll mit Gefängnis bis zu drei Monaten oder mit Geldstrafe bis zu fünfhundert Dinaren bestraft werden.

§ 335. Wer heimlich oder auch wider das ausdrückliche Verbot der Behörde Vorräte von Waffen oder Schießbedarf ansammelt, soll mit Gefängnis bis zu drei Monaten oder mit Geldstrafe bis zu fünfhundert Dinaren bestraft werden.

§ 336. Wer in gewinnsüchtiger Absicht von einem Soldaten militärische Gegenstände kauft, als Geschenk annimmt, als Pfand- oder Tauschobjekt nimmt, oder wer solche Gegenstände ohne die schriftliche Erlaubnis der zuständigen Militärbehörde zur Verwahrung annimmt, soll mit Gefängnis bis zu einem Monat oder mit Geldstrafe bis zu zweihundert Dinaren bestraft werden.

§ 337. Wer Drucksachen, metallische Abbildungen oder Erzeugnisse, die ihrem Aussehen nach dem Gelde ähnlich sind, in der Absicht, sie zu verbreiten, anfertigt, verbreitet oder verwahrt, soll mit Geldstrafe bis zu fünfzig Dinaren bestraft werden.

Zugleich sollen die als Mittel zur Begehung dieses Vergehens dienlichen Gegenstände eingezogen werden.

§ 338. Ein Händler oder Handwerker, der Gegenstände nach unrichtigem Maße verkauft, soll mit Geldstrafe bis zu zweihundert Dinaren oder mit Gefängnis bis zu einem Monat bestraft werden.

Im Rückfalle kann er mit Gefängnis bis zu fünf Monaten oder mit Geldstrafe bis zu fünfhundert Dinaren bestraft werden.

§ 339. Wer ohne Erlaubnis der zuständigen Behörde öffentlich bettelt, oder wer sein Kind oder ein unter seiner Anfsicht stehendes Kind dazu ausschickt, soll mit Gefängnis bis zu fünfzehn Tagen oder mit Geldstrafe bis zu hundert Dinaren bestraft werden.

Wenn zwei oder mehrere mehr als siebenzehn Jahre alte Personen auf Verabredung jene Tat begehen, so können sie mit Gefängnis bis zu einem Monat bestraft werden.

§ 340. Mit Geldstrafe bis zu fünfhundert Dinaren oder mit Gefängnis bis zu drei Monaten soll bestraft werden, wer durch unbegründeten Notruf, durch Mißbrauch von Notsignalen und durch ähnliches Verhalten bei einer größeren Anzahl von Personen einen Schrecken oder einen Menschenauflauf oder das Erscheinen der Polizei, der Feuerwehr oder des Militärs am Tatorte verursacht.

Mit derselben Strafe soll auch derjenige bestraft werden, der eine falsche Meldung gegen seine Überzeugung oder ohne berechtigten Grund, jene als wahr zu betrachten, verbreitet, wenn eine solche Meldung geeignet ist, eine allgemeine Erbitterung oder einen allgemeinen Schrecken oder eine Gefahr für den öffentlichen Frieden und die allgemeine Ordnung zu verursachen.

§ 341. Mit Geldstrafe bis zu dreihundert Dinaren oder mit Gefängnis bis zu zwei Monaten soll bestraft werden, wer durch Schlägerei, durch Lärm oder durch verletzendes und ungebührliches Verhalten den öffentlichen Frieden und die allgemeine Ordnung stört.

Mit derselben Strafe soll auch derjenige bestraft werden, der durch Lärm und Geschrei oder auf andere Weise ohne berechtigten Grund die Nachtruhe seiner Umgebung stört, oder der durch ein solches Verhalten an Orten, an denen er unbefugt weilt, und von denen sich zu entfernen er aufgefordert ist, in der Umgebung Schrecken und Beunruhigung verursacht.

Das im zweiten Absatze dieser Bestimmung angeführte Vergehen ist auf Antrag zu verfolgen.

§ 342. Mit Geldstrafe bis zu fünfhundert Dinaren oder mit Gefängnis bis zu drei Monaten soll bestraft werden, wer:

1. durch unachtsames Fahren oder Reiten, oder
2. durch unachtsames Aufstellen einzelner Gegenstände, oder
3. durch Steinwürfe, durch Stellen von Fallen, durch Legen von Netzen oder Schlingen, oder
4. durch Fahrlässigkeit beim Aufstellen von Zäunen, oder bei Bedeckung von Brunnen oder anderen Gruben, oder
5. durch fahrlässige Vernachlässigung des Zustandes von Gebäuden, Wegen, Brücken oder Stützen, oder
6. durch Unterlassung angeordneter Sicherheitsvorrichtungen, oder
7. durch Unterlassung der Reparatur oder der Meldung eines von ihm selbst angerichteten Schadens oder durch ähnliche Handlungen den Verkehr auf öffentlichen Plätzen gefährdet.

Mit Geldstrafe bis zu hundert Dinaren soll bestraft werden, wer auf die angeführte Weise den Verkehr an den dem regelmäßigen Zugange zu Höfen, Häusern oder Wohnungen dienenden Stellen oder den Verkehr auf Höfen, Gärten oder ähnlichen dem gemeinsamen Zutritt mehrerer dienenden Stellen gefährdet.

§ 343. Mit Geldstrafe bis zu fünfhundert Dinaren oder mit Gefängnis bis zu drei Monaten soll bestraft werden, wer bei Anfertigung, Gebrauch oder Aufbewahrung von Sprengstoffen oder beim Arbeiten mit solchen Stoffen oder mit Schußwaffen, Zerstörungswerkzeugen, Dampfkesseln, elektrischen Einrichtungen so unvorsichtig ist, daß er dadurch das Leben und die Gesundheit anderer Personen gefährdet.

Ebenso soll auch derjenige bestraft werden, der durch unvorsichtiges Umgehen mit Feuer und ähnlichen Dingen die Gefahr einer Brandstiftung oder Explosion verursacht, oder der den in dieser Hinsicht gesetzlich vorgeschriebenen oder den auf Grund des Gesetzes gegebenen Vorschriften zuwiderhandelt.

§ 344. Mit Geldstrafe bis zu fünfhundert Dinaren oder mit Gefängnis bis zu drei Monaten soll bestraft werden, wer:

1. eine Gefahr dadurch verursacht, daß er seine Pflicht zur Überwachung einer geisteskranken Person vernachlässigt, oder wer es unterläßt, die Polizei von der Flucht einer seiner Pflege und Überwachung anvertrauten geisteskranken Person zu benachrichtigen, oder

2. rechtswidrig Tiere hetzt, reizt oder erschreckt, oder

3. rechtswidrig gefährliche Tiere hält oder nicht genügend dafür sorgt, daß die von ihm gehaltenen gefährlichen Tiere keinen Schaden anrichten, oder

4. es unterläßt, die Polizei von der Flucht eines gefährlichen Tieres zu benachrichtigen oder sein möglichstes zur Abwendung eines Unglücks zu tun.

§ 345. Mit Geldstrafe bis zu zweihundert Dinaren oder mit Gefängnis bis zu einem Monat soll bestraft werden, wer ohne Aufforderung der berechtigten Person einen Schlüssel zu einem fremden Schlosse anfertigt oder verkauft, oder wer einer unberechtigten Person einen Dietrich anfertigt oder gibt.

Hat der Täter annehmen können, daß die Begehung einer Straftat beabsichtigt wird, so kann er mit Gefängnis bis zu drei Monaten bestraft werden.

§ 346. Mit Geldstrafe bis zu hundert Dinaren oder mit Gefängnis bis zu fünfzehn Tagen soll bestraft werden, wer einem Befehle, durch den die zuständige Behörde den Zutritt zu einem Platze oder das Verweilen auf demselben verbietet, zuwiderhandelt.

§ 347. Mit Geldstrafe von zehn bis zu fünfzig Dinaren soll bestraft werden:

1. wer in der Stadt oder im Dorfe am Sonntage, am ersten Weihnachtsfeiertage, am Feste der heiligen drei Könige, am heiligen Sawa, am Karfreitag, am ersten Osterfeiertage, am Himmelfahrtstage, am Tage der Verklärung, am Tage Mariä Reinigung und an allen im Staatskalender bezeichneten Volksfesttagen seine Werkstätte und seinen Laden offen hält;

2. wer in der Stadt oder im Dorfe an den übrigen im Staats-

kalender rot bezeichneten Festtagen während des Gottesdienstes seine Werkstatt oder seinen Laden offen hält;

3. Bäcker, Fleischer, Köche (Braten- und andere Speisen-Verkäufer), Milchhändler, Obsthändler, Kuchenhändler, Gastwirte, Kaffeehausbesitzer, Barbiere, Flachshändler und diejenigen, die ausschließlich Monopolartikel wie Tabak, Zigarren, Zigaretten, Schnupftabak, Zigarettenpapier, Streichhölzer, Stempel- und Briefmarken, gestempelte Wechsel- und Rechnungsformulare führen, wenn sie an Sonntagen und an den in Ziffer 1 genannten Volks- und anderen Festtagen arbeiten und während des Gottesdienstes handeln. Diese gesetzliche Bestimmung bezieht sich nicht auf diejenigen Geschäfte, in denen neben den genannten Monopolartikeln auch andere Waren verkauft werden. Wenn in einem Orte eine Messe stattfindet, ist es erlaubt, während des Gottesdienstes die Geschäfte offen zu halten und in ihnen zu handeln;

4. Gastwirte und Kaffeehausbesitzer, welche es dulden, daß während des großen Fastens in ihren Wirts- oder Kaffeehäusern öffentlicher Tanz oder mit Tanz verbundene öffentliche Vergnügungen veranstaltet werden;

5. Gastwirte und Kaffeehausbesitzer, die in der Nacht über die von der örtlichen Behörde vorgeschriebene Stunde hinaus ihre Wirts- oder Kaffeehäuser offen halten;

6. derjenige, der in der Nacht in Wirts- oder Kaffeehäusern über die vorgeschriebene Stunde hinaus verbleibt, obgleich ihn der Gastwirt, der Kaffeehausbesitzer oder ein Polizeidiener zum Fortgehen aufgefordert hat.

31. Kapitel.

Vergehen gegen die Staatsbehörden und deren Anordnungen.

§ 348. Mit Geldstrafe bis zu fünfhundert Dinaren oder mit Gefängnis bis zu drei Monaten soll bestraft werden:

1. wer unbefugt die Kleidung oder andere für Beamte und öffentliche Angestellte vorgeschriebene Amtszeichen öffentlich trägt, oder wer solche Kleidung oder solche Amtszeichen seinen Bediensteten zum Tragen gibt;

2. wer sich öffentlich oder in rechtswidriger Absicht fälschlich als Beamter oder öffentlicher Angestellter ausgibt;

3. wer unbefugt eine Handlung ausführt, die nur ein Beamter oder öffentlicher Angestellter hätte ausführen dürfen;

4. wer unbefugt serbische oder ausländische Orden trägt oder sich einen ihm nicht zukommenden Titel beilegt;

5. wer zu unerlaubtem Zwecke sich des serbischen Staatswappens bedient.

§ 349. Wer den gesetzlichen Anordnungen der Polizei- oder Gemeindebehörden nicht Folge leistet, soll mit Geldstrafe bis zu hundert Dinaren oder mit Gefängnis bis zu einem Monat bestraft werden.

§ 350. Mit Geldstrafe bis zu zweihundert Dinaren oder mit Gefängnis bis zu zwei Monaten soll bestraft werden, wer bei Unglücksfällen oder bei Gefahr oder Not, wie Feuer, Überschwemmung und dergleichen, auf Aufforderung der Behörde nicht zu Hilfe kommt, obgleich er ohne erhebliche Gefahr für sein Leben oder sein Vermögen hätte zu Hilfe kommen können.

§ 351. Mit Geldstrafe bis zu fünfhundert Dinaren oder mit Gefängnis bis zu drei Monaten soll bestraft werden, wer von einer auf der Straße oder an anderen für Ansammlungen verbotenen Orten versammelten Menschenmenge auf Aufforderung der Behörde sich nicht entfernt, oder wer andere auffordert, dem Befehle der Behörde keine Folge zu leisten.

Ebenso soll auch derjenige bestraft werden, der den von der Verwaltungsbehörde im Interesse der Ordnung bei Ansammlungen von Menschen auf öffentlichen Plätzen gegebenen Verordnungen zuwiderhandelt.

§ 352. Mit Geldstrafe bis zu dreihundert Dinaren soll bestraft werden, wer ohne Erlaubnis der zuständigen Behörde in den Fällen, in denen eine Erlaubnis der Behörde erforderlich ist, öffentliche Vorstellungen und dergleichen veranstaltet.

§ 353. Mit Geldstrafe bis zu fünfhundert Dinaren oder mit Gefängnis bis zu fünfzehn Tagen soll bestraft werden, wer einer Behörde auf deren berechtigtes Verlangen seinen Namen, seine Beschäftigungsart und seinen Wohnsitz nicht nennt oder fälschlich angibt.

Ebenso soll auch derjenige bestraft werden, der einen anderen zur Begehung dieser Straftat anstiftet.

§ 354. Mit Geldstrafe bis zu dreihundert Dinaren soll bestraft werden, wer es unterläßt, die vorgeschriebenen Bücher über die Ankunft und die Abreise reisender Personen zu führen oder in ein solches Buch die erforderlichen Angaben über die reisende Person einzutragen oder der Behörde auf deren berechtigtes Verlangen jene Bücher vorzuzeigen.

Ebenso soll derjenige bestraft werden, der bewirkt, daß ein anderer in solche Bücher eine falsche Eintragung macht.

§ 355. Mit Geldstrafe bis zu hundert Dinaren soll bestraft werden, wer es unterläßt, der Behörde eine gesetzlich vorgeschriebene Mitteilung zu machen oder eine gesetzlich vorgeschriebene Auskunft zu geben.

§ 356. Mit Geldstrafe bis zu hundert Dinaren soll bestraft werden, wer es unterläßt, die zuständige Behörde von dem Funde eines ausgesetzten, verlorenen oder verirrten Kindes zu benachrichtigen.

Wenn er die Eltern oder die Pfleger des Kindes benachrichtigt hat, so soll er nicht bestraft werden.

§ 357. Mit Geldstrafe bis zu hundertfünfzig Dinaren soll bestraft werden, wer den gesetzlichen Bestimmungen über die Beerdigung der Toten und überhaupt über die Behandlung von Leichen zuwiderhandelt.

§ 358. Mit Gefängnis bis zu 3 Monaten soll bestraft werden, wer rechtswidrig einen Leichnam vernichtet oder heimlich beiseite schafft, so daß die Leichenschau unmöglich ist, oder wer trotz Wissens den Aufbewahrungsort einer solchen Leiche der Behörde nicht nennen will.

§ 359. Wer aus Serbien ausgewiesen ist und ohne Erlaubnis der Behörde nach Serbien zurückkehrt, soll mit Gefängnis bis zu drei Monaten und mit neuer Ausweisung bestraft werden.

§ 360. Wer die auf öffentlichen Plätzen angeschlagenen, angeklebten oder angehängten oder die an andere Behörden gerichteten öffentlichen Bekanntmachungen der Behörden vernichtet, beschädigt, verunreinigt oder unleserlich macht, soll mit Gefängnis bis zu zwei Monaten bestraft werden.

§ 361. Wer den gesetzlichen Bestimmungen über die Aufrechterhaltung eines ordentlichen Verkehres auf Wegen oder Flüssen zuwiderhandelt, soll mit Geldstrafe bis zu hundert Dinaren oder mit Gefängnis bis zu einen Monat bestraft werden.

§ 362. Wer keine Arbeit hat und sich der Landstreicherei und einem unordentlichen Lebenswandel ergeben hat, soll mit Gefängnis bis zu einem Monat bestraft werden.

Mit derselben Strafe soll jede Person bestraft werden, die der Anordnung der Behörde, sich in bestimmter Frist Arbeit zu verschaffen, nicht Folge leistet oder die ihr von der betreffenden Behörde zugewiesene Arbeit nicht übernehmen will.

§ 363. Mit Geldstrafe bis zu dreihundert Dinaren sollen öffentliche Pfandleiher bestraft werden:

1. wenn sie die vorgeschriebenen Bücher über die von ihnen in Pfand genommenen Gegenstände zu führen unterlassen oder unordentlich führen;

2. wenn sie der Behörde diese Bücher oder Pfandgegenstände nicht vorzeigen wollen, oder wenn sie der Behörde eine unrichtige oder falsche Auskunft über Pfandgegenstände geben;

3. wenn sie einen bei ihnen vorgefundenen Pfandgegenstand der Behörde nicht ausliefern wollen, obgleich dieser Gegenstand einer Person unzweifelhaft durch eine Straftat weggenommen ist.

§ 364. Wer rechtswidrig seinen Namen oder Vornamen oder den seiner Kinder wechselt, soll mit Geldstrafe bis zu hundert Dinaren bestraft werden.

§ 365. Wer dazu Hilfe leistet, daß eine Eheschließung zwischen Personen, deren Ehe anfechtbar oder nichtig ist, stattfindet, soll mit Gefängnis bis zu drei Monaten bestraft werden.

§ 366. Mit Gefängnis bis zu drei Monaten oder mit Geldstrafe bis zu fünfhundert Dinaren soll bestraft werden:

1. wer eine Behörde irgendwie irre führt;

2 wer gesetzliche Anordnungen und Handlungen einer Behörde oder einzelner Beamten oder öffentlicher Angestellten mündlich oder schriftlich lächerlich macht, insofern diese Taten nicht den Tatbestand eines Verbrechens ausmachen.

§ 367. Mit Geldstrafe bis zu hundert Dinaren oder mit Gefängnis bis zu einem Jahre sollen diejenigen bestraft werden, die als Mitglieder einer Innung auf Verabredung gemeinschaftlich die Arbeit in ihrem Gewerbe einstellen, um dadurch die Behörde zu zwingen, ihnen gewisse, ihnen nicht zukommende Rechte zu verleihen.

32. Kapitel.

Vergehen gegen die Person.

§ 368. Mit Geldstrafe bis zu zweihundert Dinaren oder mit Gefängnis bis zu einem Monat soll bestraft werden:

1. wer auf einen anderen einen Angriff macht, um ihn zu stoßen oder zu schlagen.

Wenn beide Teile gleiche Schuld trifft, so können sie gleichmäßig bestraft werden; auch kann ihnen die Schuld gegenseitig aufgerechnet werden, und können beide von Strafe freigesprochen werden;

2. wer einen anderen beleidigt, d. h. wer gegen einen anderen durch Wort oder Tat etwas tut, was nach allgemeiner Meinung als eine Kränkung, eine Beschimpfung und überhaupt als eine Ehrverletzung oder Beleidigung erscheint (für öffentliche Beleidigungen ist die Strafe im 24. Kapitel dieses Gesetzes vorgeschrieben);

3. wer die Ruhe des Privatlebens durch die öffentliche Verbreitung persönlicher oder häuslicher Angelegenheiten stört.

§ 369. Mit Geldstrafe bis zu fünfhundert Dinaren oder mit Gefängnis bis zu drei Monaten soll bestraft werden, wer bei einer Schlägerei ein Messer oder ein anderes besonders gefährliches Werkzeug gebraucht.

§ 370. Wer ohne böse Absicht, ohne Überlegung oder infolge mangelnder Gesetzeskenntnis die ihm zustehende Befugnis zu strafen überschreitet, soll mit Geldstrafe bis zu fünfhundert Dinaren oder mit Gefängnis bis zu drei Monaten bestraft werden.

§ 371. Mit Geldstrafe bis zu fünfhundert Dinaren oder mit Gefängnis bis zu drei Monaten soll bestraft werden, wer, obgleich er es ohne besondere Gefahren oder Opfer für sich selbst oder für andere hätte tun können, es unterläßt,

1. tunlichst demjenigen zu helfen, dessen Leben sich in erkennbarer und dringender Gefahr befindet; oder

2. durch rechtzeitige Benachrichtigung der zuständigen Behörde oder auf eine andere Weise eine Brandstiftung, Überschwemmung, Explosion oder einen anderen das menschliche Leben bedrohenden Unglücksfall möglichst abzuwenden.

33. Kapitel.

Vergehen gegen die öffentliche Gesundheit.

§ 372. Mit Gefängnis bis zu drei Monaten oder mit Geldstrafe bis zu fünfhundert Dinaren soll bestraft werden:

1. wer von einer ansteckenden Krankheit befallen, in einem Hause eine Dienststellung annimmt, bevor ihn der Arzt als gesund bezeichnet hat;

2. wer eine Person in Dienst nimmt, von der er bestimmt weiß, daß sie von einer ansteckenden Krankheit befallen ist.

§ 373. Mit Gefängnis bis zu einem Monat oder mit Geldstrafe bis zu hundertfünfzig Dinaren soll bestraft werden:

1. wer Lebensmittel und andere der Ernährung von Menschen und Vieh dienende Gebrauchsgegenstände fälschlich anfertigt und sie als echte und natürliche Lebensmittel verkauft;

2. wer Lebensmittel und andere der Ernährung dienende Gebrauchsgegenstände in unreinen Behältern aufbewahrt und verkauft;

3. wer verdorbene Speisen und unreifes Obst verkauft.

Neben der Strafe sollen solche Lebensmittel vom Eigentümer eingezogen und von der Behörde vernichtet werden.

§ 374. Mit Gefängnis bis zu einem Monat oder mit Geldstrafe bis zu hundertfünfzig Dinaren sollen bestraft werden:

1. Fabrikanten, industrielle Unternehmer oder Handwerker, die in den von ihren Arbeitern benutzten Räumen nicht auf genügende Reinlichkeit halten;

2. Gastwirte und Kaffeehausbesitzer, die nicht in ihren Lokalen auf Reinlichkeit und auf die Befolgung der von der Sanitätsbehörde erlassenen Vorschriften halten;

3. Theaterleiter, Zirkusleiter und Leiter öffentlicher Vergnügungsorte, die auf die Befolgung der von der Sanitätsbehörde erlassenen Vorschriften nicht halten.

§ 375. Mit Gefängnis bis zu zehn Tagen oder mit Geldstrafe bis zu fünfzig Dinaren soll bestraft werden:

1. wer einen Brunnen, eine Quelle, einen Fluß oder Bach, aus denen einzelne oder eine Gemeinde ihr Trinkwasser ziehen, trübt oder verunreinigt;

2. wer in Haus oder Hof nicht auf Reinlichkeit hält, oder wer Unrat aus seinem Hause auf die Straße oder vor ein fremdes Haus wirft;

3. wer auf Aufforderung der Polizeibehörde vor seinem Haus, seinem Laden oder seiner Werkstatt den Unrat nicht entfernt.

Für die Reinlichkeit der Häuser, Höfe und der vor den Häusern befindlichen Bürgersteige sind die Hauseigentümer verantwortlich, wenn diese selbst in ihnen wohnen, oder wenn jene unbewohnt sind, im anderen Falle die Mieter.

§ 376. Mit Gefängnis bis zu einem Monat oder mit Geldstrafe bis zu hundertfünfzig Dinaren soll der Familienvorstand bestraft werden, der nicht sofort der zuständigen Polizei- oder Sanitätsbehörde eine ansteckende Krankheit seiner Familienmitglieder oder eine Seuche unter dem häuslichen Vieh anzeigt, obwohl eine Anordnung der Sanitätsbehörde zur Anzeige besteht.

§ 377. Mit Gefängnis bis zu einem Monat oder mit Geldstrafe bis zu hundertfünfzig Dinaren soll bestraft werden, wer ohne Erlaubnis der Sanitätsbehörde Arzneien und giftige Stoffe verkauft.

Wenn infolge des Verkaufes dieser Stoffe jemand erkrankt oder gestorben ist, so soll der Täter nach den Bestimmungen über Körperverletzung verantwortlich sein.

Neben der Strafe sollen die Arzneien vom Verkäufer eingezogen und an die berechtigten Verkäufer zugunsten der Staatskasse verkauft werden.

§ 378. Mit Gefängnis bis zu zehn Tagen oder mit Geldstrafe bis zu fünfzig Dinaren soll bestraft werden:

1. wer in der Stadt Schweineställe hält, oder wer das Vieh außerhalb des dazu bestimmten Ortes schlachtet;

2. wer in der Stadt Felle gerbt oder eine üble Gerüche verbreitende Werkstatt hält.

§ 379. Mit Gefängnis bis zu einem Monat oder mit Geldstrafe bis zu hundertfünfzig Dinaren soll bestraft werden:

1. wer einen Toten ohne Erlaubnis der zuständigen Behörde oder außerhalb des dazu bestimmten Ortes beerdigt;

2. wer ohne Erlaubnis der zuständigen Behörde einen Leichnam zum Zwecke einer Überführung und Beerdigung an einem anderen Orte ausgräbt;

3. wer ohne Erlaubnis der zuständigen Behörde einen Toten zum Zwecke der Beerdigung aus dem Auslande oder aus einen anderen Orte überführt.

380. Mit Gefängnis bis zu einem Monat oder mit Geldstrafe bis zu hundertfünfzig Dinaren sollen bestraft werden:

1. Gastwirte und Kaffehausbesitzer, die nach 12 Uhr nachts in offen gehaltenen Läden alkoholische Getränke verkaufen;

2. Gastwirte und Kaffeehausbesitzer, die Jugendlichen unter achtzehn Jahren alkoholische Getränke verkaufen;

3. Gastwirte und Kaffeehausbesitzer, die den in trunkenen Zustande befindlichen Gästen alkoholische Getränke verkaufen.

Nach einer weiteren, wegen solcher Taten erfolgten Bestrafung soll dem Verurteilten die Ausübung des Gewerbes verboten werden.

34. Kapitel.

Vergehen gegen die Sittlichkeit.

§ 381. Mit Gefängnis bis zu einem Monat oder mit Geldstrafe bis zu hundertfünfzig Dinaren soll bestraft werden:

1. wer an öffentlichen Orten gemeine Reden führt, schimpft oder unanständige Lieder singt;
2. wer an öffentlichen Orten das Schamgefühl verletzende und unanständige Bilder zeigt, oder wer solche Bilder an einem öffentlichen Orte zeichnet oder malt; und
3. wer an öffentlichen Orten durch unanständiges Betragen das Schamgefühl und den Anstand verletzt.

§ 382. Mit Gefängnis bis zu drei Monaten oder mit Geldstrafe bis zu fünfhundert Dinaren soll bestraft werden, wer durch Worte, Zeichen oder unanständiges Betragen an öffentlichen Orten jemanden auffordert, mit ihm Unzucht zu treiben, oder wer sich jemandem dazu anbietet.

§ 383. Mit Gefängnis bis zu drei Monaten oder mit Geldstrafe bis zu dreihundert Dinaren soll eine Frauensperson, die gewerbsmäßig Unzucht treibt, bestraft werden.

§ 384. Mit Gefängnis bis zu drei Monaten oder mit Geldstrafe bis zu fünfhundert Dinaren soll bestraft werden, wer an öffentlichen Orten durch Worte oder durch unanständige Vorschläge eine Frauensperson zum außerehelichen Beischlaf anlockt.

§ 385. Mit Gefängnis bis zu drei Monaten oder mit Geldstrafe bis zu fünfhundert Dinaren soll bestraft werden, wer das Vieh oder ein Haustier übermäßig anstrengt oder roh mißhandelt und schlägt.

§ 386. Mit Gefängnis bis zu zwanzig Tagen oder mit Geldstrafe bis zu hundert Dinaren soll bestraft werden:

1. wer sich an öffentlichen Orten betrinkt;
2. wer eine minderjährige Person unter achtzehn Jahren bestimmt, sich zu betrinken.

35. Kapitel.

Vergehen in Beziehung auf das Verhältnis von Herrschaft und Gesinde.

§ 387. Mit Gefängnis bis zu einem Monat oder mit Geldstrafe bis zu hundertfünfzig Dinaren soll bestraft werden, wer einen Privatdienstvertrag eingeht und ohne berechtigten Grund den Dienst nicht antreten will oder ihn vorzeitig verläßt.

Hat der Betreffende sich etwas auf seinen Lohn vorschießen lassen, und hat er diesen Vorschuß weder abverdient noch zurückgezahlt, so kann neben der Verurteilung auf Zurückzahlung des Vorschusses die Strafe bis zu zwei Monaten Gefängnis oder bis zu dreihundert Dinaren Geldstrafe erhöht werden.

§ 388. Mit Geldstrafe bis zu dreihundert Dinaren soll bestraft werden, wer ohne berechtigten Grund eine Person, mit der er einen Dienstvertrag eingegangen ist, nicht in Dienst nehmen will oder sie ohne berechtigten Grund vorzeitig und ohne Kündigung entläßt.

§ 389. Mit Gefängnis bis zu zwanzig Tagen oder mit Geldstrafe bis zu hundert Dinaren soll bestraft werden, wer, in den vertragsmäßigen Dienst eingetreten, seine Pflicht nicht tun will oder sich gegen seine Herrschaft gröblich benimmt oder sie beleidigt.

In diesem Falle kann die Herrschaft die Dienstperson sofort und ohne Kündigung entlassen.

§ 390. Mit Geldstrafe bis zu hundert Dinaren soll bestraft werden, wer seiner Dienstperson den Lohn nicht zahlen oder ihr ein Zeugnis über Dienst und Führung nicht ausstellen will.

Wenn die Herrschaft bestreitet, der Dienstperson noch Lohn zu schulden, so soll die Behörte die Dienstperson auf den Klageweg beim zuständigen Gerichte verweisen.

§ 391. Mit Geldstrafe bis zu fünfzig Dinaren soll bestraft werden, wer die Dienstperson in einer vom Tage des Vertragsschlusses rechnenden Frist von fünfzehn Tagen bei der Polizeibehörde nicht anmeldet.

§ 392. Mit Geldstrafe bis zu fünfzig Dinaren soll bestraft werden, wer fremdes Gesinde zu sich lockt oder es überredet, seine Herrschaft zu verlassen.

36. Kapitel.

Vergehen gegen das Vermögen.

§ 393. Wer die im § 279 angeführte Tat begeht, soll, wenn die Höhe des Schadens nicht mehr als zehn Dinare beträgt, mit Gefängnis bis zu zwei Monaten oder mit Geldstrafe bis zu dreihundert Dinaren bestraft werden.

§ 394. Wer die in den §§ 260, 264, 265 oder 300 angeführten Taten begeht, soll, wenn die Höhe des Schadens nicht mehr als zehn Dinare beträgt, mit Gefängnis bis zu drei Monaten oder mit Geldstrafe bis zu fünfhundert Dinaren bestraft werden.

§ 395. Wenn Gegenstand des Diebstahls oder der Unterschlagung Steine, Sand, Erde, Gras, Dung, Mineralien, Moos, Blumen, Laub, Pilze, Obst, Fische oder Krebse sind, so soll, wenn deren Wert nicht mehr als fünf Dinare beträgt, der Täter mit Geldstrafe bis zu hundert Dinaren oder mit Gefängnis bis zu einem Monat bestraft werden.

§ 396. Mit Geldstrafe bis zu fünfzig Dinaren oder mit Gefängnis bis zu fünfzehn Tagen soll ein Müller bestraft werden, der mehr als die ihm zustehende Quote für sich behält, oder der aus Fahrlässigkeit das Gemahlene verdirbt.

§ 397. Wer die Behörde nicht benachrichtigt, daß er eine fremde Sache gefunden hat, obgleich er zur Benachrichtigung verpflichtet war, soll mit Geldstrafe bis zu dreihundert Dinaren bestraft werden.

§ 398. Wer fälschlich seine Zahlungsfähigkeit behauptet und dadurch einen anderen veranlaßt, ihm Speisen, Getränke oder irgend eine andere Sache oder Nachtquartier zu geben, soll, wenn deren Wert nicht mehr als fünf Dinare beträgt, mit Geldstrafe bis zu hundert Dinaren oder mit Gefängnis bis zu einem Monat bestraft werden.

§ 399. Wer ohne eine Eintrittskarte Räume betritt, die nur gegen Zahlung eines Eintrittsgeldes zugänglich sind, soll mit Geldstrafe bis zu fünfzig Dinaren bestraft werden.

§ 400. Wer von einer noch nicht vierzehn Jahre alten Person ohne Wissen der Eltern oder Pfleger etwas kauft oder dieser etwas verkauft oder mit ihr etwas eintauscht und sie dadurch schädigt, soll mit Geldstrafe bis zu hundert Dinaren bestraft werden.

§ 401. Wer fremde Sachen, Wertpapiere oder Geld, die er gesondert aufzubewahren hat, ohne sie sich anzueignen, mit seinen eigenen Beständen vermischt, soll mit Geldstrafe bis zu hundert Dinaren bestraft werden.

§ 402. Wer in denjenigen Fällen, in denen der Preis einer Sache oder das Entgelt für eine Arbeit von der Behörde festgesetzt ist, mehr als vorgeschrieben ist, annimmt oder fordert, soll mit Geldstrafe bis zu hundert Dinaren oder mit Gefängnis bis zu einem Monat bestraft werden.

§ 403. Mit Gefängnis bis zu zehn Tagen oder mit Geldstrafe bis zu fünfzig Dinaren soll bestraft werden:

1. wer ohne berechtigten Grund von dem Abkommen, gegen Entgelt Trägerdienste zu leisten, zurücktritt;

2. wer von einer Vereinbarung über eine zu übernehmende Arbeit zurücktritt oder diese nicht rechtzeitig oder nicht vollständig ausführt.

Ebenso soll diejenige Vertragspartei bestraft werden, die ohne berechtigten Grund von der Erfüllung des Vertrages zurücktritt, obgleich die andere Vertragspartei denselben erfüllen will.

§ 404. Mit Geldstrafe bis zu fünfzig Dinaren soll bestraft werden:

1. wer eine bewegliche Sache, nachden er sie verkauft hat, nochmals an einen anderen verkauft;

2. wer in fremdes geschäftliches Unterhandeln auf dem Markte sich einmischt und dadurch das Geschäft schädigt.

§ 405. Wer auf der Jagd oder auf der Fischjagd fremdes Eigentum beschädigt, soll, wenn der Schaden nicht mehr als zehn Dinare beträgt, mit Geldstrafe bis zu hundert Dinaren bestraft werden.

§ 406. Wer an öffentlichen Orten um Geld spielt, soll mit Geldstrafe bis zu hundert Dinaren oder mit Gefängnis bis zu einem Monat bestraft werden.

Das beim Spiel vorgefundene Geld soll zugunsten der Staatskasse eingezogen werden.

§ 407. Wer eigenmächtig und auf unerlaubte Weise sich selbst sein Recht verschafft, soll mit Gefängnis bis zu drei Monaten oder mit Geldstrafe bis zu fünfhundert Dinaren bestraft werden.

§ 408. Wer den einer Gemeinde, der Allgemeinheit oder dem Staate gehörigen Grundbesitz sich unrechtmäßig aneignet, soll mit Gefängnis bis zu drei Monaten oder mit Geldstrafe bis zu fünfhundert Dinaren bestraft werden

Wer privaten Grundbesitz sich aneignet, soll mit Geldstrafe bis zu hundert Dinaren oder mit Gefängnis bis zu einem Monat bestraft werden.

Bei entstandenen Streitigkeiten über das Eigentumsrecht soll diejenige Partei, die ein schwächeres Recht für sich hat, angewiesen werden, beim zuständigen Gericht ihr Eigentumsrecht zu beweisen.

Während des Prozesses bleibt der Grundbesitz im Besitze derjenigen Partei, die ein stärkeres Recht für sich hat.

§ 409. Nach vorstehender Vorschrift soll auch derjenige behandelt werden, der unrechtmäßig von fremdem Grundbesitz das Gras abschneidet, die Ernte einsammelt oder die Baumfrüchte herunternimmt, wenn das Eigentumsrecht des Grundbesitzes strittig war.

§ 410. Ein Mieter, der trotz des Ablaufes der Zeit, für die das Mietverhältnis eingegangen ist, oder der trotz rechtzeitiger Kündigung seitens des Vermieters (§ 701 BGB.) die gemietete Sache nicht aufgeben will, soll mit Geldstrafe bis zu dreihundert Dinaren bestraft werden, wenn er auf Aufforderung des Vermieters und auf Anordnung der zuständigen Behörde die gemietete Sache nicht aufgibt.

Die hierfür von der zuständigen Behörde zu bestimmende Frist soll ein bis drei Tage betragen.

Der Mieter soll nicht bestraft werden, wenn er beweist, daß die Zeit, für die das Mietverhältnis eingegangen ist, noch nicht abgelaufen oder aber verlängert worden ist. Nur durch eine vollgültige schriftliche Urkunde kann dieser Beweis geführt werden.

Beim Mangel eines solchen Beweises soll trotz Anführung anderer Beweise nach den Bestimmungen des ersten und zweiten Absatzes dieses Paragraphens gehandelt werden; doch bleibt es dem geschädigten Mieter vorbehalten, vom Vermieter Schadensersatz zu fordern.

§ 411. Mit Geldstrafe bis zu fünfhundert Dinaren oder mit Gefängnis bis zu drei Monaten soll bestraft werden:

1. wer ohne Erlaubnis auf fremdem Boden etwas baut, ausgräbt, sät oder umpflanzt; oder

2. wer ohne Erlaubnis sich auf fremdem Boden einen Durchgangsweg bahnt oder über ein fremdes Grundstück zu gehen oder

Vieh zu treiben pflegt, oder irgend etwas anderes auf fremdem Boden zum Schaden seines Eigentümers und gegen dessen berechtigtes Verbot unternimmt.

§ 412. Wer in der Ausübung seines auf eine unbewegliche Sache bezüglichen Rechts über dieses hinausgeht, indem er zum Schaden des anderen Berechtigten darüber verfügt, soll mit Geldstrafe bis zu fünfhundert Dinaren oder mit Gefängnis bis zu drei Monaten bestraft werden.

§ 413. Mit Gefängnis bis zu einem Monat oder mit Geldstrafe bis zu hundert Dinaren soll bestraft werden:

1. wer rechtswidrig und zum Nachteil eines anderen von fremdem Boden Wasser ableitet, den Lauf des Wassers hemmt oder dieses abschneidet;

2. wer als Nachbar zum Nachteil des anderen Nachbarn die auf die Behandlung des Grundstücks bezüglichen gesetzlichen Bestimmungen übertritt.

§ 414. Mit Geldstrafe bis zu fünfhundert Dinaren soll bestraft werden, wer von dem Verlobten eines Mädchens Geld oder einen Gegenstand als Kaufpreis für das von jenem zu heiratende Mädchen annimmt.

Auch soll der Täter zur Zurükgabe des Erhaltenen verurteilt werden.

§ 415. Wer die gesetzlichen Bestimmungen über das Weiden auf Gemeindegrundstücken oder auf Gemeindeboden übertritt, soll mit Geldstrafe bis zu hundert Dinaren bestraft werden.

§ 416. Wer die aus einem Vertrage über die gemeinschaftliche Verwendung von Lasttieren hervorgehenden Verpflichtungen nicht erfüllt, soll mit Geldstrafe bis zu fünfzig Dinaren bestraft werden.

Druck von Leonhard Simion Nf. in Berlin SW.

Kolibri 360 GmbH
Ferdinand-Jühlke-Straße 7
99095 Erfurt, Deutschland
produktsicherheit@kolibri360.de